广东省教育科学规划课题"互联网+背景下的智
（课题批准号：2019YQJK092）

智慧课堂的
实施途径与策略

周胜华◎著

中国出版集团　现代出版社

图书在版编目(CIP)数据

智慧课堂的实施途径与策略 / 周胜华著. —北京：
现代出版社，2020.9

ISBN 978-7-5143-8882-4

Ⅰ.①智… Ⅱ.①周… Ⅲ.①网络教学—课堂教学—
教学研究 Ⅳ.①G434

中国版本图书馆CIP数据核字（2020）第187297号

智慧课堂的实施途径与策略

作　　者　周胜华
责任编辑　张桂玲
出版发行　现代出版社
地　　址　北京市安定门外安华里504号
邮政编码　100011
电　　话　010-64267325　64245264
网　　址　www.1980xd.com
电子邮箱　xiandai@cnpitc.com.cn
印　　制　北京政采印刷服务有限公司
开　　本　710mm×1000mm　1/16
印　　张　16.25
字　　数　293千
版　　次　2022年6月第1版　　2022年6月第1次印刷
书　　号　ISBN 978-7-5143-8882-4
定　　价　45.00元

自1996年7月到1997年底，教育部基础教育司组织6所大学及中央教科研所的课程专家，对1993年秋在全国施行的九年义务教育课程的实施状况进行调研。自1998年以来，教育部组织教育理论工作者进行了广泛的国际比较研究，结合英国、美国、加拿大、德国、日本、澳大利亚、韩国、泰国、俄罗斯、瑞典、芬兰、新西兰、印度、巴西、埃及等国家课程改革的经验和策略，努力把握世界基础教育课程教学发展的趋势。从1998年开始，起草基础教育改革工作的指导性文件《基础教育课程改革纲要》（以下简称《纲要》），经过广泛讨论和反复修改，经教育部党组审定，《纲要》于2001年6月颁布。新课程于2001年9月在全国38个国家级实验区进行了实验，后扩大到近500个县（区）开展实验，直到现在全面实行起来。由此，一场轰轰烈烈的课程改革席卷全国，新课程理念指导下的课堂革命如火如荼。新的教学观、新的教师观、新的学生观、新的质量观、新的学习观逐渐影响课堂教学。合作学习、探究学习在课堂教学中风靡。

随着科技的不断进步，第四次工业革命悄然而至。"工业4.0"一词起源于德国政府推动制造业计算机化的高科技战略项目，被认为是制造业数字化的下一个阶段，具备深度网络化、绿色化、智能化和生产组织方式分散化四大特征。

随着移动网络、传感技术以及人工智能和机器学习的出现，第四次工业革命无论在发生速度、涉及规模还是冲击力度上，都将远超前三次技术革命。在工业4.0时代，集成、智能、创新、融合等成为社会发展的关键词，人工智能、虚拟现实、大数据、区块链、3D打印等信息技术成为推动社会前进的关键力量，智慧教育的研究悄然诞生。

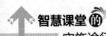
　　智慧教育的出现源自2008年IBM总裁兼首席执行官彭明盛在纽约市外交关系委员会发表的演讲《智慧地球：下一代的领导议程》。不久之后，在"智慧地球"理念的引导下，智慧教育破茧而出，成为信息时代教育发展的高级阶段和未来方向。

　　当下，人类正站在第四次工业革命的风口浪尖，以人工智能、大数据、区块链等为代表的智能信息技术正引发新一轮教育变革，牵引着人类教育向智慧教育阶段转型和演进。目前，我国教育发展在实现大规模的个性化教育、教育精准化管理和教育高位均等目标上仍然面临诸多问题。工业4.0时代，智能信息技术与教育教学的深度融合有望破解教育发展瓶颈，推动教育系统的又一次革命性变革，打造智慧教育新格局，绘就大国教育新蓝图，为建设教育强国插上腾飞的翅膀。

　　党的十九大提出要在教育大国的基础上建设教育强国，把教育事业放在优先发展的位置，加速实现教育现代化。2018年4月教育部印发的《教育信息化2.0行动计划》中也明确提出：以教育信息化支撑引领教育现代化，是新时代我国教育改革发展的战略选择，对于构建教育强国和人力资源强国具有重要意义。

　　由此可见，智慧教育、智慧课堂势在必行，这就是本课题研究的意义和价值。

目 录

第七章 智慧课堂研究课例 ····························· 193

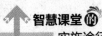

第一章

智慧课堂的研究意义

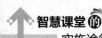

第一节　智慧课堂的研究背景

随着城市高质量发展模式的转变，越来越多的新技术走进社会生活，与不同的场景碰撞出火花，催生出智慧社会。2019年5月6日，在第二届数字中国建设峰会智慧社会分论坛上，来自政府的代表、企业的代表和行业的专家聚焦城市数字化转型，探讨如何建设智慧社会。

什么是智慧社会？中国工程院院士、北京理工大学校长张军认为，智慧社会是"智联网社会"，以智慧互联为目标的智联网系统是未来信息网络的发展方向，将引发人类社会向智慧社会的重大变革。智联网将从教育、医疗、制造、能源、立体交通等方面赋能智能社会，"比如制造智联网将可实现生产的个性化、柔性化和云智造，实现所谓的'人在思、云在算、端在造'。"

华为公司BG副总裁喻东认为，智慧城市建设以数字平台为依托，围绕城市主体（市民、企业、管理者）的业务需求与城市场景，通过最新的云计算、大数据、AI等信息化技术赋能城市场景，构建一体化统筹规划、跨域协同的物理、数字孪生世界。

用新技术手段为社会生活的各个场景赋能，是实现智慧社会的必要条件，在谈到智慧社会时，"数字"和"数据"是与会专家最常提到的两个关键词。

"在工业社会向信息社会转型的大时代背景下，我们正在构建一个用数据表达的新世界。"国家工业信息安全发展研究中心信息化中心主任周剑表示。

什么是数字？工业和信息化部原副部长、北京大学兼职教授杨学山认为，数字是生产要素，与传统的生产要素有很大不同，数字在特定环境下才能发挥作用，如同一把钥匙开一把锁。

中国工程院院士、北京理工大学校长张军认为，从工业社会到智慧社会，数字是资源，是要素，但是数字成为资源的前提是基于交换，没有交换就没有价值。杨学山认同这种观点，他认为，数字是智慧城市的基础，所有的城市管理、经营、服务等各项事务，都离不开数字，现如今对数字的固有看法是十分重视把数据汇聚起来，但是单靠汇聚是不能够解决问题的，如信用问题就不是数据汇聚所能解决的，而应该将数据的汇聚和数据的建设相结合。

中国电子学会研究咨询中心主任、智能社会研究所副所长李颋认为，新型智慧城市大量运用了大数据、人工智能、先进计算、区块链等新一代信息技术，从而获取了海量完整、系统的城市数据，和过往的城市信息化比起来，此时获得的数据更具有连续性、协同性和融合性，也更具有价值，已经能够逐步建立起一个与真实城市形成映射与交互的虚拟城市。"只有充分发掘和提升数据的价值，意识到海量数据的汇聚和交互能够产生对工具、流程、组织、机制的全面优化，进而形成被称为'智能'的核心竞争力，才能抓住建设智慧社会的主线。"

《中共中央国务院关于支持深圳建设中国特色社会主义先行示范区的意见》明确提出促进社会治理现代化。综合应用大数据、云计算、人工智能等技术，提高社会治理智能化专业化水平。加强社会信用体系建设，率先构建统一的社会信用平台。加快建设智慧城市，支持深圳建设粤港澳大湾区大数据中心。探索完善数据产权和隐私保护机制，强化网络信息安全保障。加强基层治理，改革创新群团组织、社会力量参与社会治理模式。

智慧社会形势下，智慧教育、智慧课堂必然成为现阶段教师要挑战的课题。如何培养适应社会发展的人才？现代教育如何适应"数字土著"？这是当代教师必须思考的课题。网龙公司副总裁熊立认为，"数字移民"的旧教育方法不再适用"数字土著"。他表示，当今教育面临的最大困境就是做"数字移民"的教育者，正在吃力地用一套旧方法教"数字土著"们如何学习。

"什么叫'数字土著'？现在的学生从出生开始就被互联网和高科技围绕。今天的孩子，不管家长有多么避讳他们使用互联网终端，他们的生活都已经完完全全被互联网影响了。"熊立认为，既然互联网对孩子的影响不可避免，那么不妨将其转换为正向推动力，用互联网的思维去破解当今教育的困局。

第二节　关于智慧的相关论述

"智慧"作为一个名词,它是生物所具有的基于神经器官(物质基础)的一种高级的综合能力,包含感知、知识、记忆、理解、联想、情感、逻辑、辨别、计算、分析、判断、文化、中庸、包容、决定等多种能力。智慧让人可以深刻地理解人、事、物、社会、宇宙、现状、过去、将来,拥有思考、分析、探求真理的能力。与智力不同,智慧表示智力器官的终极功能,与"形而上谓之道"有异曲同工之处,智力是"形而下谓之器"。智慧使我们做出导致成功的决策,有智慧的人称为智者。

智慧是由智力系统、知识系统、方法与技能系统、非智力系统、观念与思想系统、审美与评价系统等多个子系统构成的复杂体系孕育出的能力,包括遗传智慧与获得智慧、生理机能与心理机能、直观与思维、意向与认识、情感与理性、道德与美感、智力与非智力、显意识与潜意识、已具有的智慧与智慧潜能等众多要素。

孔子说:"知者乐水,仁者乐山。"这句话告诉我们,智慧具有流变、灵动的特性。人们再给它罩上神秘的外衣,往往使智慧变得虚无缥缈,只可意会而不可捉摸,因此至今智慧都未有统一的定义。其实,智慧定义的这种未完成性和不确定性,正是智慧的魅力所在,也给我们研究智慧留下了空间。

王梓坤教授认为:智慧在于人对客观世界和人生两个方面的深刻的理解以及透彻的领悟,智慧其实就是"理解"再向前走几步到"领悟"。

成尚荣教授也综合了古今中外有关"智慧"研究的论述,得出这样的观点:"智慧是一种整体品质,它在情境中诞生和表现,以美德和创造为方向,以能力为核心,以敏感和顿悟为特征,以机智为主要表现形式,科学素养与人文素养的结合赋予它底蕴和张力。"这样,智慧有虚有实,虚中有实,实中有虚，演绎着人世间一切美妙无比的事物，创造着教育教学动人的诗篇。

简言之，智慧就是知识、能力与美德的综合体。早在民主革命时期，教育家陶行知先生就极力推崇智慧教育，并指出："智慧是生成的，知识是学来的。"目前，我们所倡导的新课程理念特别重视三维目标的整合，这其实与智慧教育是一脉相承的。换句话说，新课程改革所追求的就是智慧教育，我们要让校园、课堂、教师和学生像沐浴阳光一样沐浴智慧。

第三节　关于智慧课堂的相关论述

皆成教育孙曙辉认为，智慧课堂是依据知识建构理论，基于动态学习数据分析和云加端的应用，所构建的信息化、智能化的课堂教学模式。智慧课堂是大数据时代翻转课堂2.0发展的最新成果。

新的课程理念认为，课堂教学不是简单的知识学习的过程，它是师生共同成长的生命历程，是不可重复的激情与智慧综合生成的过程。随着新一轮基础教育课程改革的不断推进和课堂教学改革的不断深化，课堂教学所呈现出来的前所未有的艰巨性、复杂性，以及教学活动自身的特异性、多变性和不确定性，都对教师洞悉复杂局面、应对复杂挑战的智慧品质和智慧水平提出了很高的要求。国家督学成尚荣教授指出："课堂教学改革就是要超越知识教育，从知识走向智慧，从培养'知识人'转为培养'智慧者'；用教育哲学指导和提升教育改革，就是要引领教师和学生爱智慧、追求智慧。"

智慧课堂应该追求教学的真质量，追求课堂的真效益。它应该包括学生完善的人格成长、差异的知识建构和创新的智慧发展。在教学目标的达成上，要重视层次性和生成性；在教学资源的遴选上，要重视针对性和发展性；在教学策略的运用上，要注重合作性和开放性。教师在设计教学程序时，要尽可能地处理好传授知识和培养能力的关系，要注重培养学生的独立性和自主性；在组织学生学习时，要努力处理好自己的角色地位，重视引导学生质疑、调查和探究，让学生在实践中学习，在教师的指导下主动地、富有个性地学习。因此，考察课堂教学时，我们应该从以下几个方面入手：一是在教学目标的预设上，是否体现"知识与技能、过程与方法、情感态度与价值观"的整体要求；二是在教学程序的设计和运行过程中，是否在"整合各种教育资源，促进学生积极参与和主动探究"上有序运行；三是在学习环境管理上，是否在"努力实现师生平等交流，合理调控课堂学习情绪"上多向协调；四是在对学生的评价上，是否能"促进全体学生的个性张扬、智慧发展和健康成长"。

智慧课堂中，教师尊重每一位学生，允许学生用不同的速度、自己的方法去探索、获取知识。教师用鼓励的话语、期待的目光、巧妙的疏导与学生思维共振、情感共鸣；教师巧妙地创设情境，最大限度地激发学生的求知欲，最大限度地留给学生思维的时间和空间，课堂应像磁铁一样吸引人人参与、个个思考，开启思维之门。智慧课堂是引导学生争辩的课堂，争辩使智慧的火花碰撞、交汇，思想驰骋四海，翱翔蓝天，学生的灵性、个性飞扬，争辩的过程是分析解决问题能力提高的过程。智慧课堂是充满疑问的课堂，根据学生的认知特点，设计合理的教学悬念，激发学生思维的动机，诱发学生思维的火花，实现师生间与生生间思维的互动，着力培养学生解决问题的理性思辨和创造性思维能力。智慧课堂是凸显探究的课堂，知识的个体性和情境性决定了知识来自建构，过程甚至比结果重要，因为智慧往往生成于探究知识的过程之中。智慧的课堂教学应该渗透科学探究的理念，教师通过创设教学情境，引导学生探究真实现象，感悟真情实感，开启思维之门。智慧课堂是走向生活的课堂，知识本身没有意义，知识的意义体现在知识的应用之中。我国教育家陶行知认为，"教育要通过生活才能发出力量而成为真正的教育"。因此，智慧课堂需要向生活世界回归，在知识与生活的融合中，既增长了学生的智慧，同时也培养了他们的情感、态度、价值观。智慧课堂是唤醒智慧的课堂，课堂需要师生之间、生生之间知识的汇聚、思维的碰撞、思想的交锋、情感的融合，尤其需要将教育者的教育转化为受教育者的教育。教师之"魅"在于懂得"有所为且有所不为"的道理，学会等待和抓住教育时机，用一个智慧的生命去照亮许多智慧的生命，用一个智慧的心灵去唤醒许多智慧的心灵。

智慧课堂是以追求学生人格成长完善、促进学生智慧发展、提高学生综合素质为目标的理想课堂。按照现代课程理念，智慧课堂要求在课堂教学中注重让学生感受过程、习得规律、发展智慧。由此可见，对于智慧课堂的理解和把握，其实最根本的就是要抓住"智慧"和"课堂"两个方面：一是要抓住课堂这个出发点和落脚点，任何内容选择和环节设计都必须充分考虑到课堂这一载体的可能性、现实性和需要性；二是在此基础上，要充分发挥教师的教育智慧，在教与学的互动过程中通过创新方法来展示智慧教育。

第二章

国内外研究现状

第一节　国外研究现状

　　2004年，美国可汗学院创始人萨尔曼·可汗在为表妹辅导数学功课，因受到不在同一区域的限制，他开始录制视频课程，并将其放在网络上。2009年，因为许多学生用他的视频学习，可汗建立了提供教学视频的大型非营利性公共网站。后来该网站得到比尔·盖茨和谷歌公司的资助，进一步对教学资源质量做了优化。从此翻转课堂便进入了公众的视野且备受关注。2011年，慕课（MOOC）开始崛起，慕课的发展促进了翻转课堂的进一步完善，为"翻转"后信息技术支持下的学生知识传输提供了不同通道的支持。

一、翻转课堂鲜明特点

1. 教学视频短小精悍

　　不论是萨尔曼·可汗的数学辅导视频，还是乔纳森·伯尔曼和亚伦·萨姆斯所做的化学学科教学视频，它们的共同特点就是短小精悍。大多数视频只有几分钟的时间，比较长的视频也只有十几分钟。每一个视频都针对一个特定的问题，有较强的针对性，查找起来也比较方便；视频的长度控制在学生注意力能比较集中的时间范围内，符合学生身心发展特征；通过网络发布的视频具有暂停、回放等多种功能，可以自我控制，有利于学生的自主学习。

2. 教学信息清晰明确

　　萨尔曼·可汗的教学视频有一个显著的特点，就是在视频中只能看到的就是他的手不断书写一些数学符号，并缓慢填满整个屏幕。除此之外，就是配合书写进行讲解的画外音。用萨尔曼·可汗自己的话来说："这种方式似乎并不像我站在讲台上为你讲课，它让人感到贴心，就像我们同坐在一张桌子面前，一起学习，并把内容写在一张纸上。"这是翻转课堂的教学视频与传统的教学录像之间的不同之处。视频中出现的教师头像以及教室里的各种物品摆设都会分散学生的注意力，特别是在学生自主学习的情况下。

3. 重新建构学习流程

通常情况下，学生的学习过程由两个阶段组成：第一个阶段是信息传递，是通过教师和学生、学生和学生之间的互动来实现的；第二个阶段是吸收内化，是在课后由学生自己来完成的。由于缺少教师的支持和同伴的帮助，吸收内化阶段常常会让学生感到挫败，丧失学习的动机和成就感。翻转课堂对学生的学习过程进行了重构。信息传递是学生在课前进行的，教师不仅提供了视频，还可以提供在线的辅导；吸收内化是在课堂上通过互动来完成的，教师能够提前了解学生的学习困难，在课堂上给予有效的辅导，同学之间的相互交流更有助于促进学生知识的吸收内化过程。

4. 复习检测方便快捷

视频后面紧跟着的4~5个小问题，可以帮助学生及时进行检测，并对自己的学习情况做出判断。如果发现问题回答得不好，学生可以再学习一遍，仔细思考哪些方面出了问题。学生回答问题的情况，能够及时地通过云平台进行汇总处理，帮助教师了解学生的学习状况。教学视频的另一个优点就是便于学生学习之后的复习和巩固。评价技术的跟进使得学生学习的相关环节能够得到实证性的资料，有利于教师真正了解学生。

以日本、法国为代表的一些国家对智慧教室进行了研究。

二、注重社交学习的日本智慧教室

日本一直以来重视在教育方面的投入与研究，在日本的公立中学中，不少学校仍然采用非常传统的教室布局设置。但是在传统教室布局设置之外，学生下课后可以通过教师办公区的移动设备将课堂笔记进行数字化扫描，其后学生的笔记就会自动被整合到学生的智能笔记本内，这样的智慧笔记不仅可以鼓励学生在课堂上更积极地做记录（因为教师鼓励学生在自己的社交圈分享自己的课堂笔记图片），同时也让教师对学生的课堂学习情况有更充分的了解。学生可以把自己的作品贴在墙上进行分享，也可以通过立拍得（就是"古老"的立拍得相机）拍摄自己制作过程的照片在教室内进行分享，更有趣的是，不少作业上不但有教师的评语，还有同学的"吐槽"，这些涂鸦板就是学习社交的重

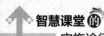

要平台。当然，这并不意味着这里没有互联网元素，教师指导学生当天将教室中的白板拍摄好以后，通过Line（日本的聊天工具）或者通过推特的方式发布在班级的部落格或者讨论群组中，供大家分享交流。可以说看似非常传统的白板却承载着师生交流的一种非常和谐畅通的模式。

三、注重观察的法国智慧教室

在教室的智慧化、信息化融入方面，法国有不少值得我们思考的地方。在法国的中小学当中，借助物联网技术，教师成为学生学习行为的引导者和观察记录者。教师采用主问题的方式设计一节课，就一个教学主问题鼓励学生通过阅读、讨论来对问题进行思考，运用合作或者独立完成的方式进行课堂发言交流。这一过程中，教师除了手写笔记之外，还可以灵活地通过网络摄像头、网络录音笔等方式对学生的学习行为进行观察记录。课堂上，教师除了对学生学科知识性的问题进行提示性修正外，并不对学生的学习结果进行评价，而是在教学结束之后借助数据分析平台对学生的学习行为进行综合性评价，这样的评价并非基于一节课的数据，而是基于一段时间的学习数据，因而，这样的评价虽然看上去没有及时点评的观感好，却能对学生进行更有效的评价。

法国教师利用物联网对课堂的精细化记录与基于数据分析的学生评价让我们发现，这些课堂实录的有效分析和阶段性的教师研究报告能够提供给学生和家长对于自身学习问题的清醒认识与有针对性的指导对策。在这里，教室成了学习行为研究的场所。

第二节　国内研究现状

《数字教育》2018年第4期《我国智慧教育研究现状解析》中指出当前我国智慧教育研究可以分为五大类别。

一、智慧教育的基本理论研究

该研究主题主要关注两个方面：一是智慧教育内涵特征的相关阐述，二是智慧教育促进教育改革的研究。在智慧教育内涵特征方面，国内学者在对智慧型人才培养目标及技术环境的认识方面大致相同。在智慧教育促进教育改革方面，研究者普遍认为智慧教育给现行教育模式带来较大影响，具体体现在教育理念、教学模式、学校管理等方面。智慧教育为当前教育改革提供了方向，也促使学校及有关教育部门重新思考学生的个性化培养问题。总体来说，智慧教育在我国的研究刚刚起步，理论方面的研究还不够深入，内涵的界定以及理论体系的构建仍需不断完善，也需要更多研究者基于不同视角做出更深层次的探索。

二、智慧学习环境研究

智慧学习环境在本质上是物理学习环境与虚拟学习环境的有效融合，有利于深度学习、沉浸式学习的发生。目前该主题主要涉及两个方面的问题：一是技术对智慧学习环境的支撑。从这一方面来说，智慧学习环境的形成与发展在很大程度上依托于技术的不断进步。在该问题背景下，研究者将目光集中在人工智能、传感器及通信等技术上，期望通过智能化的技术从根本上改变学习工具、学习资源、学习方式和学习社群。二是智慧学习环境的建构。这类研究主要讨论智慧学习环境建构的理论路径和典型应用。总体来说，国内对智慧学

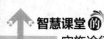
习环境的研究已经具备一定规模，形成了初步的理论体系和实践成果。梳理文献发现，研究者倾向于从理论层面进行建构，而实践应用层面的文献则相对较少。在研究视角方面，研究者将目光集中于技术、资源层面，较少关注人的因素，难以将智慧学习与数字化学习区分开，偏离智慧教育的根本问题，这些现象应引起专家学者的重视。

三、智慧教育体系架构及技术支撑研究

智慧教育融合了新一代的物联网、大数据、云计算等技术，通过学习行为及认知风格信息的真实记录，变主观判断为智能感知，使学习活动倾向于个性化，教育决策也更加科学。在技术支撑方面，越来越多的研究者将目光投向大数据技术，普遍认为基于大数据的学习分析和教育管理正是当今学校教育变革依靠的有效抓手。有的学者指出大数据技术在教育领域的应用推动了学校对新型管理模式、教学方式、学习方式的探索，也为教育教学改革增添了新的思维方式。在智慧教育体系架构方面，研究者主要讨论如何将智慧地球、智慧城市的体系架构应用到教育领域中，并尝试从多种视角进行体系建构。如杨现民等从生态学视角出发，指出智慧教育系统不应作为孤立系统，应按照规范的接口与其他智慧系统保持联通，实现数据共享。总的来说，我国有关智慧教育体系架构的研究刚刚兴起，文献数量明显不足，研究视角也相对单一，相关研究也仅仅是从理论层面进行阐述，其适用性与完备性还未充分得到实践的检验，因而需要更多领域的研究者做出更深层次的探索。

四、智慧教育实践应用研究

智慧教育的推进对我国教育事业的改革发展具有重要意义，但是培养"智慧人"的美好愿景要想成为现实必须依靠本土化实践。梳理文献发现，国内研究者已经在高校及中小学进行了初步的实践探索，如智慧校园、智慧课堂及智慧图书馆的投入使用。该主题背景不仅包括高校的变革，也包括中小学的实践应用，充分反映出我国教育领域正在积极地引入智慧教育体系，尝试运用智慧教育的相关理念与手段改变我国教育现状，努力实现教育现代化的目标。在智慧教育的实践应用方面，相关文献数量较少。从整体情况来看，智慧教育的应用实践仍处于起步阶段，展现出非常不平衡的态势，参与的学校与研究机构相

对较少，且集中于北京、上海、广州等一线城市。究其原因，与政府的政策、企业的支持、高校的推进有很大关系。除此之外，技术条件不成熟也使得智慧教育很难在大范围内推广。

五、智慧教育发展战略与路径研究

我国智慧教育发展战略与路径的研究主要涉及两个方面的问题：一是国外智慧教育发展战略对我国的影响。关于此类问题，研究者倾向于把国际智慧教育发展经验与我国教育信息化现状相结合，探索契合我国智慧教育发展的本土化路径。二是智慧教育的本土化路径探索。这类研究主要关注信息化环境下智慧教育的区域推进策略。在该主题的研究中，关于具体问题的解决方案的研究还相对较少，研究也主要集中于国外智慧教育发展战略对我国的影响，而本土化战略及发展路径研究还有待继续深入。

皆成教育孙曙晖、刘邦奇在《智慧课堂》一书中，从理念、技术和应用三个维度解析智慧课堂（基于信息化视角）的有关理论与实践问题。该书主要回答什么是智慧课堂，如何构建智慧课堂，以及在课堂教学实践中如何具体应用智慧课堂等基本问题，以云端建构为依据，以大数据、云计算、物联网等新一代信息技术为手段，探索智能高效的智慧课堂，提出了基于"云、网、端"的常态化智慧教学，构建了智慧课堂教学理论和实践应用策略并提供了大量应用实例。

第三节　存在的问题

　　通过分析可以发现，目前对"互联网+"背景下智慧课堂的研究都集中在教学的外部环境、教学形式、与传统教学的差异等方面，却忽略了学习的主体——学生在其中所受到的影响；忽略了如何借助信息化手段高效地让学生生成所需的知识、高效地达成师生之间的互动、高效地对学生的学情进行分析；忽略了学生品格形成、能力提升的策略和过程。根据生成论教学哲学的观点，即基于教学本身及人的存在与发展是一个不断发生、生长、演化的过程的基本理念，秉持以关系性、生成性思维为核心的思维方式，探讨和追求教学生成，进而促进人的文化生成。人的学习是有意识地以自然、文化、自身为对象，建构起人与物、事、己之间具体的相互关系，形成特定的个体经验，并外化于行动之中，不断实现个体自我与人类文化双重超越的特殊实践活动。智慧课堂最显著的特征就是教育实践，学生的情感体验很重要，但目前这方面的研究比较薄弱。总之，"互联网+"背景下的教育实践是信息化的产物，其中的人与物、人与事、人与人之间会产生新的冲突，需要在实践中去探索与研究。

第三章

智慧课堂的调查与研究

第一节　智慧课堂的特征

关于智慧课堂的特征有很多观点，集中起来有以下几个方面。

一、基于数据的课堂

一切靠数据说话，依据学生学习行为大数据挖掘分析与决策，用直观的数据了解学生对知识的掌握水平，精准地掌握来自学生的第一手学情资料。

二、高效互动的课堂

利用智能化的移动学习工具和应用支撑平台，让教师与学生、学生与学生之间的沟通和交流更加立体化，能无障碍地进行即时交流和互动。

三、动态开放的课堂

借助于新兴信息技术及各种智能终端，课堂系统超越了时空限制，实现更为开放的教室和课堂活动，让课前、课中、课后融为一体。

四、合作探究的课堂

采取小组协商讨论、合作探究的学习方式，协作群组服务能够帮助有相同学习需求和兴趣的学生自动形成学习共同体，教师可以通过平台对小组合作进行实时的数字化评价和及时的反馈。

五、个性化学习的课堂

通过课前预习测评分析和课中随堂测验即时分析，实现对学生的个性化学习能力的评估，有针对性地制订教学方案和辅导策略，真正实现"一对一"的个性化教学。

六、教学机智的课堂

教师基于动态学习数据分析和即时反馈，采取机智性行动，及时调整课前的教学设计，优化和改进课堂教学进程，充分体现教师的教学智慧和教学艺术。

七、资源整合

智慧课堂建设的一个重点在于优质教学资源的整合，并且在整合的过程中能够根据时代发展进行相应内容的及时更新。优质的教学资源是智慧课堂的核心内容，包括课程内容的讲解、相关题目的解答思路讲解、引申概念的解读、考试重点的讲解等。智慧课堂能够让优质的教育资源得到更大面积的普及，惠及更多的学生，尤其是欠发达地区的学生，所以说普及智慧课堂具有重要的现实意义。

八、学习全流程管理

智慧课堂可以完成课堂管理、作业管理、考试管理、学习管理等全流程管理，而且每个环节都可以进行有针对性的追踪。这不仅方便教师，也方便学生和家长，使他们能够及时发现学习环节中的问题，从而进行有针对性的处理。

九、智慧课堂是科学的课堂

科学性是构建智慧课堂的基石，是智慧课堂的"生命线"，是构建智慧课堂首要的也是最基本的要求。

尽管观点众多，众说纷纭，但是通过对比附录一教师调查问卷"你认为智慧课堂最重要的特征是什么"发现，情境感知、智能交互、合作探究、创新开放、高效教学的认可度很高。

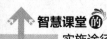
第二节　智慧课堂与学生的能力

一、对教师的问卷调查数据

　　智慧课堂应重点培养学生哪些能力呢？通过问卷调查可以发现，对学习能力、思维能力、探究能力、创新能力、合作能力的认可度非常高，沟通能力、观察能力、表达能力、社交能力、写作能力也有一定的认可度（见表3-2-1、图3-2-1）。这与新课标的理念完全契合。

表3-2-1　教师问卷调查数据

选项	小计	比例	
学习能力	21		72.41%
沟通能力	9		31.03%
思维能力	29		100%
观察能力	6		20.69%
表达能力	10		34.48%
合作能力	17		58.62%
创新能力	18		62.07%
社交能力	2		6.90%
写作能力	1		3.45%
探究能力	21		72.41%
本题有效填写人次	29		—

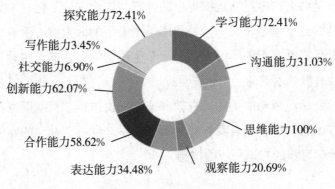

图3-2-1　教师问卷调查数据

二、新课标下课程优化内容

新课标强调全面贯彻国家教育方针，以提高国民素质为宗旨，以培养创新精神和实践能力为重点，强调课程要促进每个学生身心健康发展，培养良好品德，强调基础教育要满足每个学生终身发展的需要，培养学生终身学习的愿望和能力。

（1）新课标改变了课程过于注重知识传授的倾向，强调形成积极主动的学习态度，使获得基础知识与基本技能的过程同时成为学会学习和形成正确价值观的过程。

（2）新课标改变了课程结构过于强调学科本位、门类过多和缺乏整合的状况，使课程结构具有均衡性、综合性和选择性。

（3）新课标改变了课程内容繁、难、偏、旧和偏重书本知识的状况，加强课程内容与学生生活以及现代社会、科技发展的联系，关注学生的学习兴趣和经验，精选终身学习必备的基础知识和技能。

（4）新课标改变了课程实施过于强调接受学习、死记硬背、机械训练的状况，倡导学生主动参与、乐于探究、勤于动手，培养学生收集和处理信息的能力、获取新知识的能力、分析和解决问题的能力以及交流与合作的能力。

（5）新课标改变了课程评价过分强调甄别与选拔功能的状况，发挥评价促进学生发展、教师提高和改进教学实践的功能。

（6）新课标改变了课程管理过于集中的状况，实行国家、地方、学校三级

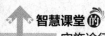

课程管理，增强了课程对地方、学校及学生的适应性。

学会学习是联合国教科文组织提出的教育"四大支柱"之一（另三个是学会做事、学会共处、学会做人），是我国学生发展的六大核心素养之一，是新课标理念下学生必须掌握的学习方式。让学生学会学习，能自主学习、主动学习，是学校教育教学培养的一个重要目标。

学会学习是学业成功的关键。有教育家这样说过，"只有促进自我教育的教育才是真正的教育"，而自我教育的关键是学会学习。社会的发展、进步需要人们不断地学习新的知识和新的技能。

第三节　智慧课堂的教学设计

智慧课堂的教学设计应重点考虑哪些因素呢？大多数教师认为创设情境、学会合作探究、学会深度思维是必须重点考虑的，落实知识目标、让学生的个性得到发挥也是要考虑的因素（见表3-3-1、图3-3-1）。

表3-3-1　智慧课堂的教学设计问卷调查数据

选项	小计	比例	
情境创设，激发学生学习兴趣	23		79.31%
落实知识目标	15		51.72%
解题能力的训练	6		20.69%
让学生高度参与，学会合作探究	24		82.76%
培养学生能力，学会深度思维	27		93.10%
让学生放松心情，自由自在地学习	7		24.14%
对学生进行美德熏陶	4		13.79%
让学生的个性得到充分发挥	12		41.38%
本题有效填写人次	29		—

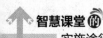

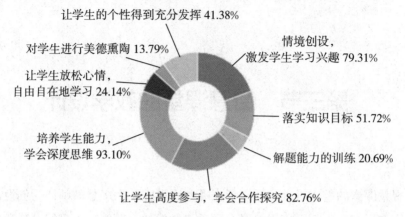

图3-3-1　智慧课堂的教学设计问卷调查数据

为什么教学需要创设情境？一个非常重要的原因就是大脑是不愿意思考的。科学研究表明：大脑的本能不是思考，而是记忆，大脑的思考力就像一团很难被锻炼的肌肉，一旦被使用就会感觉到累，很想停止。因此，创设教学情境的目的就是让学生去思考。

兴趣是最好的老师，而创设情境则是激发学生学习兴趣的一种有效方法。创设情境就是通过创设与教学内容相关的情境，让教学进入情感领域，激发学生的学习兴趣，并凭借情境，把知识的教学、能力的培养、智力的发展以及道德情操的陶冶有机地结合起来，从而促进学生的全面发展。

创设情境的方法很多，其中设疑是创设情境的常用方法，它可以打开学生智慧的大门。

一个好的问题就如投在学生脑海中的一颗石子，能激起学生思考的波浪。教师在教学中应善于设疑、巧于设疑，通过设疑创设情境，让学生感到新奇有趣，学生就会随着教师设置的疑点不断地思索下去。在对学生的问卷调查中也验证了这一观点的正确性。

在课堂上，你喜欢什么样的学习过程？（多选题）（见表3-3-2、图3-3-2）

表3-3-2 学习过程问卷调查数据

选项	小计	比例
老师讲学生听	52	57.78%
针对某一问题展开讨论	68	75.56%
学生独立完成任务	37	41.11%
同学之间合作交流	66	73.33%
本题有效填写人次	90	—

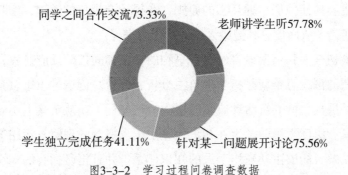

图3-3-2 学习过程问卷调查数据

学生喜欢什么样的学习过程呢？从以上数据不难发现，绝大部分学生喜欢针对某一问题展开讨论，并与同学进行合作交流。

总之，创设情境能将直观教学、启发式教学、寓教于乐式教学进一步形象化、生动化、具体化。在教学中，只要我们留心，精心设境，以情引境，因情化境，做到境景交融、浑然一体，就会在教学中取得事半功倍的效果。

孔子说："知之者不如好之者，好之者不如乐之者。"在灌输式教学中，学生的学习是被动的，学习情绪难以调动起来，思维不能展开，课堂教学的效率必然不高。自主合作探究学习注重学生的自主学习，可以充分调动学生的学习积极性。孟子说："独乐乐，不如众乐乐。"自主合作探究学习这种教学方式要将传统的个体学习模式转变为合作学习模式，在合作中学习，学生的各种能力都能得到培养。

　　《义务教育数学课程标准（2011年版）》指出："动手实践、自主探索、合作交流是学生学习数学的主要方式。"合作学习是指在小组或团队中为了完成共同的任务，经历自主探索、动手实践和合作交流的一个过程。实际上，合作学习的学习方式在我国早被推崇，孔子曰，"独学而无友，则孤陋而寡闻""三人行必有我师"，指出了互帮互学的必要性与可能性，表明了学习他人、借鉴他人的开放性学习观，"三个臭皮匠顶个诸葛亮"也深刻说明了集体智慧的重大作用。

　　合作学习不仅包含了教师与学生之间的双边互动，还涉及了教师与学生间的双向交往、学生之间的多向互动等交流形式，从而改变了在传统教学中师生单向交流、教师垄断信息源、学生被动接受知识的局面，使每一个学生的学习注意力、积极性、主动性及创造性都得到充分发挥。同时这种同龄学生之间的人际互动更容易使他们掌握互惠的原则，懂得社会规范的道理，增强自信与自我表达的能力，从而促进其健康人格的形成与完善。

　　思维最初是人脑借助语言对客观事物的概括和间接的反应过程，综合各方观点，所谓的深度思维就是指学生自主分析、评价、创造的思维，是发生在较高认知水平层次上的心智活动或较高层次的认知能力。从定义上不难得出这样的结论：具有深度思维的学生在知识信息加工、概念的理解与运用等方面有着更深刻的见解，能够主动建构个人的知识体系，并且把所拥有的知识迁移到真实的情境中。深度思维是智慧课堂的特征，也是智慧课堂要达成的目的。

　　课堂不断前行的过程就是学生解决一个个问题的过程。问题可以助推学生不断思维、不断深挖。

第四节　实施智慧课堂的条件

看到智慧课堂的实施条件，以往都会联想到信息技术的支持，好像没有信息技术就没有智慧课堂。但在对教师的问卷调查中，出乎意料的是选择"信息技术设备"的只占20.69%，而选择"开放创新的教学设计"的高达62.07%。

对教师的问卷调查数据如下：

你认为实施智慧课堂最重要的条件是什么？（单选题）（见表3-4-1、图3-4-1）

表3-4-1　智慧课堂实施条件问卷调查数据

选项	小计	比例	
信息技术设备	6		20.69%
教师的机智语言	2		6.90%
开放创新的教学设计	18		62.07%
学生的能力水平	3		10.34%
本题有效填写人次	29		—

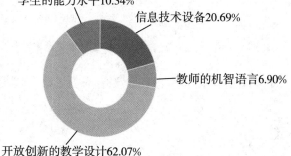

图3-4-1　智慧课堂实施条件问卷调查数据

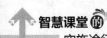

这说明，随着课程改革的深入，教师们对智慧课堂的认识更加深入。从过去的关注信息技术转变为关注教学过程，更在乎教学的设计、学生的参与、对学生的影响，这是非常大的进步。

关于这个问题，学生又是怎么认为的呢？

对学生的问卷调查数据如下：

你认为智慧课堂上什么很重要？（多选题）（见表3–4–2、图3–4–2）

表3–4–2　智慧课堂上什么很重要调查数据

选项	小计	比例	
信息技术	59		65.56%
独立思考	66		73.33%
问题探究	64		71.11%
合作交流	64		71.11%
表达意见	53		58.89%
深度思维	56		62.22%
本题有效填写人次	90		—

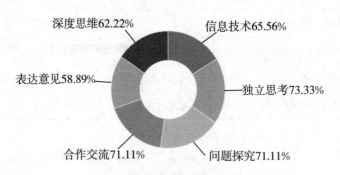

图3–4–2　智慧课堂上什么很重要调查数据

你认为智慧课堂开展合作探究是否有必要？（单选题）（见表3–4–3、图3–4–3）

表3-4-3　智慧课堂开展合作探究调查数据

选项	小计	比例	
有必要	65		72.22%
一般	21		23.33%
没必要	4		4.45%
本题有效填写人次	90	—	

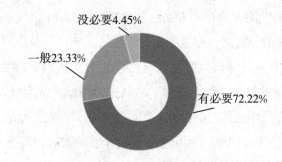

图3-4-3　智慧课堂开展合作探究调查数据

从数据中不难发现，学生认为智慧课堂中"独立思考""问题探究""合作交流"是最重要的。

由此可见，信息技术在智慧课堂的实施中只是辅助手段，智慧课堂的实施关键在于设计以问题为核心、合作探究为特征的开放性课堂。

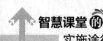

第五节　智慧课堂对学生的影响

　　智慧课堂对学生的影响是多方面的，包括行为方面的、心理方面的、性格方面的、能力方面的，总之，智慧课堂对学生的影响是全方位的。

　　在问卷调查中，教师认为智慧课堂对学生行为方面和能力方面的影响最大，认为可以"激发学生的学习兴趣"的高达93.10%，认为可以"提高学生的学习效率"和"促进学生能力的提升"的高达86.21%。学生认为，智慧课堂可以极大地帮助自己对知识的理解，可以充分促进个性的发展，改善人际关系。

　　对教师的问卷调查数据如下：

　　你认为智慧课堂对学生的影响有什么？（多选题）（见表3–5–1、图3–5–1）

表3–5–1　智慧课堂对学生的影响调查数据

选项	小计	比例	
激发学生的学习兴趣	27		93.10%
提高学生的学习效率	25		86.21%
促进学生形成良好的品格	12		41.38%
促进学生心理健康	6		20.69%
促进学生建立良好的人际关系	11		37.93%
促进学生能力的提升	25		86.21%
尊重学生的人格	5		17.24%
促使学生形成良好的个性	12		41.38%
本题有效填写人次	29	—	

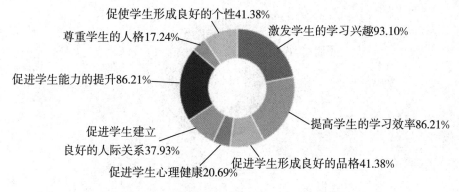

图3-5-1　智慧课堂对学生的影响调查数据

　　有一位教师在听完智慧课堂的示范课后写道："智慧课堂尊重每一位学生，让每一位学生充满智慧；智慧课堂生动活泼，让每一位学生激情飞扬；课堂上有笑声、有欢乐，让每位学生愿意去学，乐意去学，让学生的个性自由发展；智慧课堂寓智慧于德育之中，让学生学会做人的道理，培养学生健康的心理和健全的人格。"

　　对学生的问卷调查数据如下：

　　你认为智慧课堂能否提升你对知识的理解？（单选题）（见表3-5-2、图3-5-2）

表3-5-2　智慧课堂能否提升你对知识的理解调查数据

选项	小计	比例	
能	73		81.11%
不能	2		2.22%
不知道	15		16.67%
本题有效填写人次	90	—	

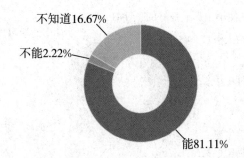

图3-5-2　智慧课堂能否提升你对知识的理解调查数据

你认为智慧课堂能否促进学生的个性发展？（单选题）（见表3-5-3、图3-5-3）

表3-5-3　智慧课堂能否促进学生的个性发展调查数据

选项	小计	比例	
能	74		82.22%
不能	4		4.45%
不知道	12		13.33%
本题有效填写人次	90	—	

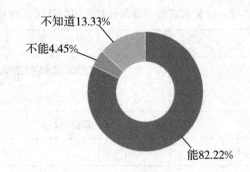

图3-5-3　智慧课堂能否促进学生的个性发展调查数据

你认为智慧课堂开展合作交流能否优化学生的人际关系（师生、生生）？

（单选题）（见表3–5–4、图3–5–4）

表3–5–4　智慧课堂开展合作交流能否优化学生的人际关系调查数据

选项	小计	比例	
能	73		81.11%
不能	3		3.33%
不知道	14		15.56%
本题有效填写人次	90	—	

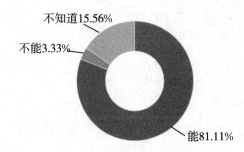

图3–5–4　智慧课堂开展合作交流能否优化学生的人际关系调查数据

第四章

智慧课堂的实施途径与策略

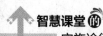
第一节　智慧课堂的新定义

　　随着大家对智慧课堂研究的进一步深入，智慧课堂的内涵也逐渐丰富，教师的关注点也在不断更新。

　　首先，对智慧课堂的认识是从教学手段的更新变化开始的。从传统课堂"黑板+粉笔"的场景，到过渡时代的电化课堂，然后到"三通两平台"班班通课堂，实现了"PPT+电子白板"的交互场景，再到没有形成很大势能的自动化课堂，也就是课堂引入互联网自动化设备，最后到今天我们所处的"互联网+"、大数据时代。这就是课堂教学手段的演变过程。

　　其次，大家从教学方式的改变对智慧课堂有了新的认识。在传统课堂下，教师们的教研教学过程都是基于自身经验的，有些教师一个备课本可以用好几年，所以传统课堂是完全基于经验的教学预设。

　　在移动互联网模式下，学生和教师可以实现随时随地沟通，再结合大数据技术的分析及应用，基于数据的精准教学成为可能，真正意义上实现了先学后教、以学定教。

　　再次，大家从交互方式的改变对智慧课堂有了新的认识。传统的交互，大部分是教师点名、学生上黑板的模式，教师走下讲台进行分组讨论，这些方式以教师为中心，强调知识的传授，缺少立体化的互动。而现在通过移动终端等智能设备和互联网的应用，就可以实现全方位、立体式的交互，实现师生交互、生生交互，真正实现课前、课中、课后、课内、课外、线上、线下的全场景立体交互。同时，交互的内容也会发生一些改变，除了传统的一些内容外，增加了微课、多媒体，同时也跨越了时间和地点。

　　最后，大家从评测方式的改变对智慧课堂有了新的认识。以前评价一个学生的好坏就是以分数为唯一的评价标准，这种评价是以偏概全的，而且评价的信息比较滞后，同时仅仅是在认知层面的评价，是一种结果性的评价。如今，智慧课堂通过大数据分析及应用等技术手段，记录教育教学过程，把学生的行为、情感数据采集下来，实现全过程的动态评价。这种评价就是从结果性评价转为过程性评价，在认知评价的基础上实现情感评价，是带有温度的评价。这种认知评价加情感评价能体现综合素质评价。这是评测方式的改变。

基于对智慧课堂的认识，于是对智慧课堂的定义就有了两种类型：一类是基于"智慧"的语义视角给以定义，另一类是从技术的视角给以定义。这两种定义都是对智慧课堂狭义的定义，重点突出智慧课堂的外在表现形式，但忽略了智慧课堂的主导者和主体者两个方面的因素，缺乏智慧课堂的内涵。

在新课程理念、"互联网+"背景下的智慧课堂到底如何定义呢？本书通过研究认为：在开放创新理念的指导下，运用现代信息化技术手段，以激发学生高度参与、深度思维为方向，以培养学生的能力为核心，以促成学生良好个性品质的形成为目的，以问题化为主要表现形式的课堂，就是智慧课堂。

第二节　实施智慧课堂的途径是问题化

在智慧课堂中，学生高度参与、深度思维是课堂追求的最佳状态，促进学生良好个性品质的形成、促进学生能力的提升是课堂追求的目标，问题化是实施智慧课堂的途径。

问题是教学的起点。没有问题，就没有思考，就调动不了学生的思维。几乎所有的教学活动都与各种形式的问题有关。格兰特·威金斯说：现代课程的基本架构是问题，课程改革的主要任务是通过问题设计来重新组织课程内容。

问题是一节课的灵魂，一堂成功的课，一堂能启迪学生思维的课一定是设计的问题是学生感兴趣的、好奇的，是能激发学生的好奇心和求知欲望的。有人问诺贝尔物理学奖获得者伊西多·拉比是怎样成为科学家的，拉比回答说，每天在他放学后，他的妈妈总是要和他谈些有关学校生活的事情。其实，妈妈对他所学的东西并不怎么感兴趣，但她总是查问："今天你问了一个好问题没有？"拉比总结道："问好问题使我成了一个科学家。"美国的教育家布鲁巴克说："最精湛的教学艺术，遵循的最高原则就是让学生自己提问题。"所以，一堂好课的基本要素之一就应该是帮助学生解决他们的问题。

由此可见，提出问题，提出有价值的问题，以问题为引领，是智慧课堂必不可少的，否则，谈不上智慧课堂。提出有价值的问题是激发学生的学习兴趣、引导学生深度思考的重要途径，更是激发学生求知欲望的最佳途径。

学生学习知识要遵循一定的规律，从旧知到新知一定会经历知识冲突、产生问题、提出问题、解决问题、形成新知、应用知识、新的知识冲突的过程，不断循环，周而复始，使知识不断升华（见图4-2-1）。

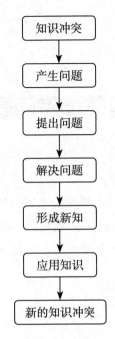

图4-2-1　学习知识应遵循的规律

第三节　智慧课堂问题化的步骤

　　课堂教学的四要素是课程、教师、学生、方法与技术。这四个方面的联系纽带就是问题。课程是问题的依据和源头，方法与技术是问题的载体和工具，教师是问题的设计者，学生是问题的探究者和探秘者（见图4-3-1、图4-3-2）。

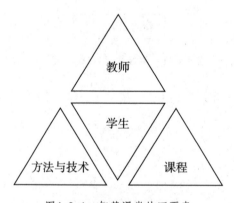

图4-3-1　智慧课堂的四要素

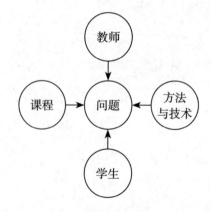

图4-3-2　智慧课堂的核心是问题

同时，教师是学生学习的促进者，是教育教学的研究者，也是课程的建设者和开发者。课程是教学活动的内容，课程和学生之间是互为矛盾的依存关系，教师从属于学生对课程的学习。由此可见，教师的作用是将抽象的教材内容生动化、趣味化、问题化，这样才能激发学生的学习兴趣，才能让学生高度参与、深度思维，促进学生良好个性品质的形成，促进学生能力的提升。

　　智慧课堂问题化的步骤包括三个方面：第一步是问题的设计，第二步是问题的实施，第三步是前两步的反馈（见图4-3-3）。

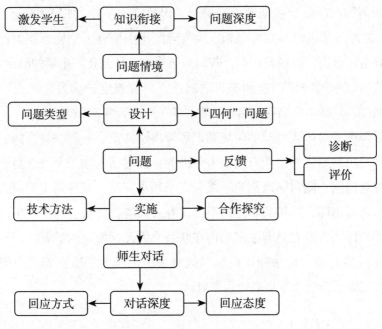

图4-3-3　智慧课堂问题化的三步骤：设计、实施、反馈

　　其中，问题类型可以分为认知记忆性问题、推理性问题、创造性问题、批判性问题四类。认知记忆性问题的特征是有唯一答案，答案来源是教材；推理性问题的特征是有唯一答案，答案来源是"教材+一定的分析"；创造性问题的特征是可能有唯一答案，答案来源是"教材+综合分析"；批判性问题的特征是没有唯一答案，答案来源是"教材+质疑"（见表4-3-1）。

表4-3-1　问题类型及特征

问题类型	是否有唯一正确答案	答案来源	思维特点
认知记忆性问题	有	教材	聚合性思维
推理性问题	有	教材+一定的分析	聚合性思维
创造性问题	可能有	教材+综合分析	发散性思维提出多样的解决方案
批判性问题	否	教材+质疑	批判性思维

　　"四何"问题是指：是何（what）、为何（why）、如何（how）、若何（if）。是何问题指向事实性问题，为何问题指向原理、法则、逻辑性问题，如何问题指向方法、途径与状态，若何问题指向条件变化产生新的结果。

　　回应方式包括言语回应和非言语回应，回应态度分为肯定回应、否定回应、无回应、打断学生回答或自己代答、重复学生回答并解释。

　　对话深度主要体现教师的情境知识和策略性知识。一问一答为同一思维过程，教师提出问题学生给予有效回答便视为一次对话。如果是有效对话，且教师没有继续追问，则对话级别为一级，记录频次应在一级对话中记录为一次；如果教师进行追问，并得到学生的第二次有效回答，那么由于后一个问题是前一个问题的深化，二者具有紧密的内在联系，因此这两次问答就共同构成了一个二级深度的对话，记录频次应在二级对话中记录为一次。如果追问继续进行，则有三级、四级乃至更高级别的对话。

第四节　智慧课堂问题化教学设计模式

教学设计模式是指运用系统方法对不同教学系统进行教学设计的各种标准化形式。由于设计中涉及的教学背景、参加设计的成员（如教师、教育专家、媒体专家等）、课程范围（如课堂教学、一门课、整个课程等）以及人们对教学设计的理解和教学设计者在实践中的针对性不同，因此教学设计有各种不同的模式和分类方法。

美国学者安德鲁斯和古德逊根据各种教学设计模式特点将教学设计归纳为：

（1）整体型模式（integrated models），从一般系统理论演变而来，内部包括相互联系和相互作用的因素，强调信息反馈，以系统内部某一部分为基础探讨另一部分的行为。

（2）任务定向型模式（task-oriented models），强调对教学所必须完成和发展的任务的构成和具体步骤的设计。

（3）处方型模式（prescriptive models），提供一整套 if...than 语句，给出解决问题的方法，如学习内容是 X 类，学生是 Y 型，那么应该设计 XY 类型的学习。

美国学者加斯塔夫森根据教学设计模式之间的相容性关系，又把教学设计分为：

（1）以课堂为中心的模式（classroom focused models），已具备教师、学生、课程、设备、具体课堂环境，设计范围是课堂教学，重点是如何选择和采用已有的教学材料而不是开发新材料。

（2）以教学产品为中心的模式（product focused models），根据预定的目标，开发一个或几个具体的教学产品（如电视教材、计算机课件、交互视频教材和教学媒体包等）。

（3）以系统为中心的模式（system focused models），以开发教学系统为目，对材料、设备、管理、实施计划、师资培训及教学包等进行全面设计。

（4）以组织为中心的模式（organization focused models），以改善教学，修正全部或部分组织以求对新环境的适应为目的的设计。

也有学者主张分为两类基本模式：

（1）课堂/产品模式(classroom/product models)，主要是针对单一的课程或单一的教学活动序列或教学材料进行设计、实施和评估，并着眼于"如何做"，如：如何才能达到目的，如何设计一个教学单元，等等。

（2）综合模式(comprehensive models)，着眼于设计学习的全部计划的程序。一般分为"方案选择和设计"与"制作、实施和评价"两个阶段，不仅着眼于"如何做"，而且关心"是什么"和"为什么"。

根据任务定向型模式可以将智慧课堂问题化教学设计模式分为平行设计模式和分解设计模式两种类型。

平行设计模式就是根据教学内容和教学目标确定几个一级问题，然后围绕这几个一级问题组织学生开展探究交流，最后达成共识得出结论。模式如图4-4-1所示。

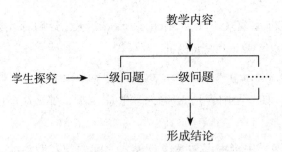

图4-4-1　问题化教学平行设计模式

分解设计模式就是根据教学内容和教学目标确定一个一级问题，然后将一级问题分解成几个二级问题，也可继续将单个二级问题分解成几个三级问题，如此下去，学生在逐层分析探究的过程中解决问题，最后达成共识得出结论。模式如图4-4-2所示。

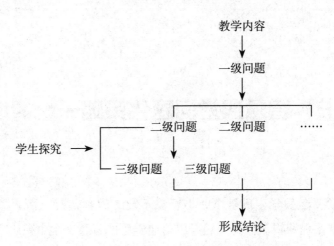

图4-4-2　问题化教学分解设计模式

第五节　智慧课堂问题化策略一：情境化

智慧课堂要激发学生的智慧，但智慧不能靠教师传授，而要靠学生自己从资源宝库中发现获得。探究问题可以启迪学生的智慧，学生在研究问题的过程中能力得到提升。但对于不同的问题，学生的反应是不一样的，只有有价值的、有趣的问题才能激发学生的探究欲望。所以智慧课堂"问题化"必须注重问题的情境化，要创设激趣启智的问题情境激发学生主动探究。

"高兴学来的东西永远不会忘记。"智慧课堂要设计趣味的问题情境让课堂轻松愉快，实现师生民主平等，关系和谐，去除学生的心理包袱，使其心情愉悦。例如，数学学习有趣好玩，如同磁铁般吸引学生，学生积极主动，乐此不疲。趣味问题情境是智慧种子萌发的土壤，快乐情绪是智慧生成的适宜温度。设境、激趣、启智是智慧课堂的首要任务，用情境去刺激学生，以激发学生兴趣，调动学生学习欲望，引发学生的认知冲突，唤醒学生智慧，开启追智旅程。

例如，"黄金分割"一课的设计（见图4-5-1）：

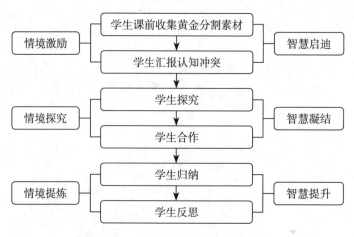

图4-5-1　"黄金分割"情境设计流程

创设问题情境除了考虑趣味性以外，还需考虑新旧知识之间的逻辑关系、问题的深度、学生的学情等因素。只有符合学生学情的、难度适当的问题，才能真正启迪学生的思维。

第六节　智慧课堂问题化策略二：开放化

　　智慧课堂要培养学生创造性思维和批判性思维。如何实现这样的目标呢？设计开放性问题可以达到这个目的。开放性问题包括创造性问题和批判性问题。这两类问题答案不唯一，需要学生有一定的综合分析能力和质疑能力。它冲破传统封闭性思维的限制，具有很强的探索性、灵活性和多变性，给学生的思维创设了广阔的空间和无限的想象，有助于激发学生的发散意识和创新意识。这在问卷调查中得到大家的认可。

　　对教师的问卷调查数据如下：

　　你认为智慧课堂最重要的特征是什么？（多选题，最多选5个）（见表4-6-1、图4-6-1）

表4-6-1　智慧课堂最重要的特征问卷调查数据

选项	小计	比例	
情境感知	18		62.07%
智能交互	18		62.07%
个性化服务	10		34.48%
合作探究	18		62.07%
创新开放	18		62.07%
高效教学	18		62.07%
教学机智	11		37.93%
动态生成	14		48.28%
本题有效填写人次	29	—	

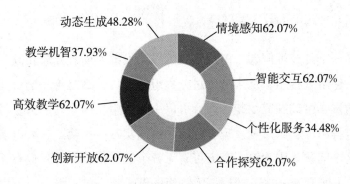

图4-6-1　智慧课堂最重要的特征问卷调查数据

　　有人对开放性问题和封闭性问题进行研究发现，一节课中高达80%的时间都被用来提问和回答，课堂提问是师生进行学习活动的一种方式，教师通过提问启发学生思考，传递知识。

　　开放性问题与封闭性问题最初起源于认知心理学领域，开放性问题是指不止一个答案或者答案不确定的问题；封闭性问题是指具有确定答案或答案唯一的问题。后来，伊凡·汉耐尔根据布卢姆教育目标分类学中的六个认知目标，将问题的认知层次相应地划分为六个：识记、理解、应用、分析、综合、评价。其中，前三个属于封闭性问题所涉及的认知范围，后三个属于开放性问题所涉及的认知范围。

　　开放性问题一般没有唯一标准的答案，学生可以根据自己的理解，开动脑筋，结合学习内容给出不一样的答案。开放性问题的价值不在于学生的答案是否完美、贴切，而在于学生思考的过程。因为开放性问题主要涉及学生分析、综合、判断等高层次思维的运用，学生在已有知识的基础上，通过积极地思考、分析、判断等进一步理解所学知识，这一过程本身就是很有意义的。另外，开放性问题没有固定答案，有一定自由发挥的空间，有利于提高学生的积极性与参与度，激发学生的思维。

　　开放性问题的设计主要有三种类型：第一种类型是问题的内容具有开放性。开放的题材广泛，涉及面广，贴近学生的生活实际，背景新颖，内容深刻丰富。第二种类型是解决问题的思路发散，有多条途径。第三种类型是问题的答案多样，不唯一。

　　例如，在学习二元一次方程组的解法时，可以设计这样一个问题：

你能用几种不同的方法来解释方程组 $\begin{cases} 2x+y=5 \\ x+2y=4 \end{cases}$ 的解是唯一的？

这就是一个开放性问题，解决问题的思路发散，而且比较新颖。因为学生一般都只关注解方程组，从未考虑过方程组的解为什么是唯一的。开放性问题不但可以激发学生的探究欲望，而且可以引导学生从多个角度去思考。第一，可以求出方程组的解，直观发现方程组的解确实唯一；第二，可以从集合的角度去解释这个问题，因为第一个方程有无数个解，第二个方程也有无数个解，但它们的公共解只有一个，所以，方程组的解是唯一的；第三，可以从函数的角度解释，这两个方程可以看作两个一次函数，画出这两个一次函数的图像，发现是两条直线，而且这两条直线只有一个交点，所以，这个方程组的解是唯一的。

第七节 智慧课堂问题化策略三：信息化

如何提升课堂教学的效率呢？借助信息技术手段是一个非常有效的方法。所以，信息化是智慧课堂的重要特征之一。这一点在对学生的问卷调查中得到了验证。

信息技术是指利用计算机、网络、广播电视等各种硬件设备及软件工具与科学方法，对文、图、声、像各种信息进行获取、加工、存储、传输与使用的技术融合。在信息技术的支持下，课堂教学可以充分调动学生学习的积极性、主动性，改变过去那种学生只会考试，不会动手，与实际生活脱节的情况。与传统的教学模式相比，智慧课堂具有非常明显的优势。传统教学模式一般是使用传统的教学手段完成特定的教学内容的一种课堂教学形式。在这种教学模式下，教师是教学活动的中心，是教学活动的主导，是知识的传授者，学生是知识的接受者，媒体是教学的工具，整个教学活动和教学结构都是围着教师转的。它的缺陷就是教师一直占据着主导地位，而学生则处于从属地位，这是不利于学生主动性和创造性发挥的，教学方法偏死，少有突破。这与现代社会对人才培养的要求是不相符合的，这种模式担负不了培养高素质的创新型人才的重担。

有人通过研究发现，信息技术对教与学有如下作用。

一、可以优化教学方法

在信息技术环境下，智能化的多媒体教学软件具有良好的交互性，通过声音、动画、高质量视频、音频及虚拟手段等信息化的方式表述教学内容，将教学内容动态化、形象化，生成对学生具有吸引力的外部表征，激发学生去主动参与、主动发现与探索，直观有效地使学生思维发散，产生联想，从而顺利

提取长时记忆中的相关内容，促成对知识的意义建构，即建构主义指导下的学习。教师可以使用现成的计算机辅助教学软件或多媒体素材库，选择其中合适的部分用在自己的教学中；也可以利用PowerPoint等多媒体制作工具，综合利用各种教学素材，编写自己的演示文稿或多媒体课件，清楚地说明讲解的结构，形象地演示其中某些难以理解的内容，或用图表、动画等展示动态的变化过程和理论模型等。另外，教师也可以利用模拟软件或者计算机外接传感器来演示某些实验现象，帮助学生理解所学的知识。这样，通过合理的设计与选择，计算机代替了粉笔、黑板等传统媒体，实现了它们无法实现的教育功能。

二、可以大大拓展师生交流的渠道和空间

人与人之间的交流是教学的重要环节之一，也是教学成败的重要因素之一。如果能将信息技术引入教学，在课上或课下为学生和教师、学生和学生创设一定的交流机会，即使不是直接改变教学策略和教学方法，也必然能促进师生感情的培养，提高学生的学习兴趣和积极性。将信息技术以辅助教学的方式引入教学，主要发挥促进师生之间情感交流的作用。要实现上述目标，并不需要复杂的信息技术，只需在有互联网或局域网的硬件环境下，采用简单的BBS、聊天室等工具即可。教师可根据教学的需要或学生的兴趣开设一些专题或聊天室，如"我需要帮助""教师优劣之我见"等，并赋予学生自由开辟专题和聊天室的权利，使他们在课后有机会对课程的形式、教师的优缺点、无法解决的问题等进行充分的交流。

三、可以充分发挥学生的主体作用

学生作为教与学的主体，也必须尽快适应信息技术环境发展要求。过去，学生被动地、机械地接受教育，动手能力很差，语言表达能力也不强。随着教育环境的改变，学生也要改变自己的学习观念，跟上这种发展变化的步伐，从思想认识上改变过去那种学习方式。学生要努力探索适合自身特点的学习方法，学会使用信息技术环境所提供的各种教学媒体、教学手段和其他一切方式进行自学，学习独立撰写学习报告，学会运用网络汲取知识，自主安排学习进度，主动学习。同时，信息社会需要有信息能力的新型人才，而信息能力就是指获取、分析和加工信息的能力。随着网络技术的飞速发展，网络资源可以说

是浩如烟海，如何在广袤的信息海洋中快速、准确地找到自己所需的资源，如何迅速判断资源的价值并对其进行取舍，如何合理地将资源重新组合并为己所用，这些都关系到个人和团队的成败。

第八节　智慧课堂问题化策略四：探究化

智慧课堂中设计问题的目的是解决问题，达成教学目标。解决问题的关键在于组织学生进行探究，探究的形式和方法决定是否能解决问题。所以，智慧课堂中进行探究式学习是必不可少的。从对学生的问卷调查中也可以发现探究的重要性。

心理学认为：中学生年龄特征决定了他们具有较强的好奇心，而直接给出结论或判断让他们去记忆，是非常令他们反感的，也激不起他们的学习兴趣。以数学为例，美国教育家布鲁纳说过，"探索是数学的生命线"。因此，在教学中，把一些概念、定理、法则、公式等内容分解成一系列问题提出来，然后有顺序地引导学生思考分析，让学生自己得出结论，自己去认识知识的内在规律，才能调动学生主体的能动性，有利于教学双方进步。

探究式教学（Hands-on Inquiry Based Learning），又称"做中学"、发现法、研究法，是指学生在学习概念和原理时，教师只是给他们一些事例和问题，让学生自己通过阅读、观察、实验、思考、讨论、听讲等途径去主动探究，自行发现并掌握相应的原理和结论的一种方法。它的指导思想是在教师的指导下，以学生为主体，让学生自觉地、主动地探索，掌握认识和解决问题的方法和步骤，研究客观事物的属性，发现事物发展的起因和事物内部的联系，从中找出规律，形成概念，建立自己的认知模型和学习方法架构。可见，在探究式教学的过程中，学生的主体地位、主动能力都得到了加强。

最早提出在教学中使用探究方法的是杜威。他认为，科学教育不仅是要让学生学习大量的知识，更重要的是要让学生学习科学研究的过程或方法。从1950年到1960年，探究作为一种教学方法的合理性变得越来越明确。

探究式教学要注意以下几点。

一、创设情境，激发自主探究欲望

探究式教学的载体与核心是问题，学习活动是围绕问题展开的。探究式教学的出发点是设定需要解答的问题，这是进一步探究的起点。从教学的角度讲，教师需要根据教学目的和内容，精心考量，提出难度适度、逻辑合理的问题。

二、开放课堂，发掘自主探究潜能

在富有开放性的问题情境中进行实验探究，这是教学的关键步骤，教师首先要帮助学生拟订合理的研究计划，选择恰当的方法。同时要求教师提供一定的实验条件或必要的资料，由学生自己动手去实验或者查阅，来寻求问题的答案，提出某些假设。这时，教师起到一个组织者的角色，指导、规范学生的探索过程。这个过程可以由单个学生自己完成，也可以由教师将学生分组来完成。要注意培养学生寻求合作的团队精神。经过探究过程，学生要把自己的实验过程或者查阅的资料进行总结梳理，得出自己的结论和解释。不同的学生或者团队可以就同一问题提出不同的解释或看法。他们要能够将自己的结论清楚地表达出来，大家共同探讨。

三、适时点拨，诱导探究的方向

教师为了达到让学生自主学习的目的，引导学生自己去发现问题，学生不明白时可适当点拨，诱导探究的方向。

四、课堂上合作探究，训练主动学习的能力

在探究教学中，教师是引导者，其基本任务是启发诱导，学生是探究者，其主要任务是通过自己的探究发现新事物。因此必须正处理教师的"引"和学生的"探"的关系，做到既不放任自流，让学生漫无边际地探究，也不能过多牵引。

五、课后留创新作业，激励学生主动学习

为了激发学生自主、合作、探究的学习兴趣，课后，教师布置的作业要改革，努力减轻学生的课业负担。

　　探究既是学生的学习目标，又是重要的教学方法之一。学生在探究性学习活动中，可以通过经历与科学工作者进行科学探究相似的过程，体验科学探究的乐趣，学习科学家的科学探究方法，领悟科学的思想和精神。探究实验是从感性认识到理性认识的过程，是从具体到抽象、从简单到复杂的思维形成的过程，符合学生的身心特点和认知过程，使学生从被动接受知识向主动获取知识转变，从而培养学生的科学探究能力、实事求是的科学态度和敢于创新的精神。探究式教学由学生提出问题、提出猜想与假设、设计实验、进行实验、分析与论证、得出结论六个环节组成，这六个环节对建立新型师生关系起到了很大的促进作用。

　　探究式教学充分体现了以学生的学习活动为主，以教师的组织、引导、倾听、点评为辅的教学理念，对新型师生关系的建立有极其重要的意义。

第九节　智慧课堂问题化策略五：深度对话

　　智慧课堂教学是在互动中完成的，而对话是互动的重要载体。可是，对话也有质量高低之分：有的对话是机械的，停留在浅表层面，没有体现师生的智慧；有的对话则直指师生情感，并且关乎学科本质，激活了学生的思维。

　　智慧课堂设计的问题经过探究后，学生需汇报探究的情况，需进行师生之间的交流对话，深度对话是对探究活动的进一步升华，是对学生思维的再次激发，从而实现探究的真正意义。在对教师的问卷调查中，大多数教师认为要培养学生能力，让学生学会深度思维。而教师与学生的深度对话是激发学生深度思维的重要手段。

　　经查，目前对深度对话的研究主要有以下观点。

一、什么是深度对话中的"深度"

　　深度至少应包括四个指标：一是要深入学科教材的本质，二是要深入学生的心灵深处，三是要渐次推进学生的理解，四是要释放教学的多重内涵与完整价值。基于此，深度对话课堂研究的目标确定为：一切为了学生的真正理解。

二、如何进行深度对话

　　深度对话的落实首先源于教师对教材的再度深加工。教师可以从三个方面对教材进行深加工，即知识的本质与规律、知识的过程与方法、知识背后蕴含的思维与思想。

　　加工的方式有"四个以"，即以学生的角度阅读教材，以整体的思想梳理教材，以动态的目光研读教材，以比较的方法优化教材。

　　要在课堂上达成学生的真正理解，还必须做足基于理解的学情分析。过

去，我们提倡"四维"分析法，是从生活基础、知识链接、学习困难和策略预设四个维度进行分析。

开展深度对话课堂研究，我们可以在情境分析中强化对理解的关注。一方面关注学生理解的基础：学生的生活经验与知识基础；另一方面也关注学生理解的节点：本节课中学生理解不到或者理解不深的地方。

三、深度对话的内容

深度对话的内容最终指向的是学科本质和学生的内心深处，而内心深处直指的就是学生的情感和思维。这决定了深度对话的话题不能是简单的认识性问题，而应该是能启发和促进学生积极思考、给学生以广阔的思维空间的开放性问题。

我们追求的不是答案的唯一性、标准性和封闭性，而是通过设计开放性问题，引导学生的发散思维、逆向思维、创新思维，最终指向学生的深层思维训练。

四、深度对话的模式

深度对话教学基本模式包括三个板块：生成话题、多重对话、视域融合。在基本模式之下，从语数学科的典型课例中提炼并建立起多种具体操作的变式，包括角色体验式、经验分享式、随机访谈式、话题讨论式、问题推进式、论题争辩式。这些极具操作性的变式实际上是从教师的课堂中提炼而来，同时又因其具有具体可操作性，被教师再一次广泛应用于自己的课堂，使深度对话课堂呈现出多样的形态。

在课堂中，如何判定是否真正实现了深度对话？我们可以开发深度对话的课堂评价表，从教材、教师、学生（教师对教材的深度理解、课堂中的深度对话过程、学生深度学习发展水平）三个维度着手，进行比较细致的研究和思考。

例如，深度对话的过程在课堂中有静态的，即师生间、生生间隐藏的、内在的思维活动；也有动态的，即外部的、外显的表现方式。我们可以综合选择其中的五个侧重点进行对话过程的评价，形成评价标准表。五个侧重点可以是：给予学生充分的自主学习时间，展开多维多向的对话交流，聚焦学生的学科思维，体现对话交流的层次性、整体性，选择适当的教学策略。

第五章

智慧课堂的反馈与评价

第一节　智慧课堂的诊断

　　智慧课堂的设计与实施是否科学，是否能达到激发学生高度参与和深度思维、培养学生的能力、促成学生良好个性品质的形成的目的呢？这需要进行课堂诊断。要进行课堂诊断就必须进行课堂观察。

　　课堂观察是课堂研究广为使用的一种研究方法。课堂观察就是指研究者或观察者带着明确的目的，凭借自身感官以及有关辅助工具，直接或间接从课堂情境中收集资料，并依据资料做相应研究的一种教育科学研究方法。

　　随着课程改革的不断深入、课堂研究的逐渐兴起，课堂观察作为课堂研究的一种方法开始受到学界的关注与中小学教师的青睐。课堂观察的意义有以下几点。

一、改善学生的课堂学习

　　在真实的课堂里，教师的教和学生的学是相互交织在一起的，学生通过倾听及与教师对话、交流建构自己的学习方式，改善学习行为，获得新的认知与情感体验。可以说，教师的课堂行为、学生的学习习惯及课堂环境都在影响学生的学习。当观察者进入课堂观察学生的学习，关注学生如何学习、会不会学习以及学得怎样时，在一定程度上会引发学生行为上的改变。观察课堂中的其他行为或事件，如教师教学、课堂文化等，促进教师行为的改进、课程资源的利用或课堂文化的创设，都会直接或间接地影响学生的学习。所以，教师参与课堂观察始终指向学生学习的改善，这也是课堂观察与传统听评课最大的功能区别。

二、促进教师的专业发展

课堂观察是一种研究活动，它在教学实践和教学理论之间架起一座桥梁，为教师的专业发展提供了一条很好的途径。通过课堂观察，教师借助合作的力量在实践性知识、反省能力等方面将获得新的发展，进而提高整体教学质量。

三、营造学校的合作文化

教师要开展课堂观察，就要改变原来单兵作战的工作方式，从孤立的个人主义走向合作的专业主义，因为完整的课堂观察程序不能没有教师的合作行动。每个教师都要主动向课堂观察合作共同体的成员开放自己的课堂，接纳不同的力量进入课堂，共同来探讨课堂教学与学习的专业问题。通过课堂观察，教师在心理与行为上会发生一些变化，变得开放、民主与善于合作，这些变化会感染同伴、影响组织，进而使学校变成合作共同体的联合体。

目前，课堂观察主要有两种：一种是定性的课堂观察，另一种是定量的课堂观察。定性的课堂观察就是传统的课堂观察，由有一定经验的教师凭主观的经验判断对教学情况进行诊断评价。主观意愿占据主要成分，这种课堂观察更多的是停留在表面现象的层面上，很难深入本质的层面。定量的课堂观察在西方比较流行，也称为西式诊断法。这种方法借助信息技术手段对课堂教学的师生行为进行详细的数据采集，借助大数据分析手段对课堂教学进行精准的分析诊断，比较科学有效。目前常用的定量的课堂观察方式有编码体系和记号体系两种。其中，编码体系包括"S-T课堂师生行为分析"和"Rt-Ch课堂教学模式分析"，记号体系包括"有效性提问分析""教师理答方式分析""四何问题分析"和"对话深度分析"。

规定师生的视觉和听觉等信息传递行为为T行为，除T行为以外的所有行为都归为S行为（见表5-1-1、图5-1-1）。

表5-1-1　S-T课堂师生行为分类

类别	定义
T行为	师生视觉的、听觉的信息传递行为
S行为	T行为以外的所有行为

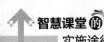

图5-1-1　S-T课堂师生行为分类

S-T分析方法采用定时采样法记录教学过程中的T行为和S行为，即以一定的时间间隔，对观察的内容进行采样，并根据样本点的行为类别，以相应的符号S或T计入规定的表格中，由此构成S-T数据序列。

数据收集步骤：

第一步，设定采样的间隔（见表5-1-2）。

表5-1-2　设定采样的间隔

教学片段长度	采样间隔
45分钟	30秒
15分钟	10秒
不足15分钟	5秒

第二步，采样。

在观察的过程中，每到采样的间隔选取一个样本。若该时刻为教师行为，则在表中记入T，否则记入S。

第三步，采样结果分析（见图5-1-2）。

S-T教学分析图

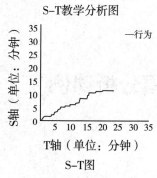

S-T图

S-T图可以看出：
课堂中师生行为比例
师生行为横向和纵向断层

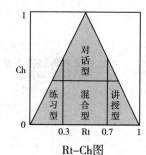

对话型：Ch≥0.4
练习型：Rt≤0.3
讲授型：Rt≥0.7
混合型：0.3<Rt<0.7

Rt-Ch图

Rt-Ch图可以看出：
横轴Rt表示教师行为占有率
纵轴Ch表示师生行为转换率

图5-1-2　采样结果分析

记号体系分析是指观察者事先有观察的对象或要观察的可能发生的教学行为。观察者通常将计划观察的行为列入一张事先编制好的记号体系观察表中，观察者在每一种计划观察的事件或行为发生时做个记号，如采用正字记号法等，并于观察后统计记号数量及观察行为发生的频次，再进行深入分析。

第二节　定量的课堂观察分析课例

一、课例基本信息（见表5-2-1、图5-2-1）

表5-2-1　课例基本信息

课例名称	数轴		
学科	数学	授课年级	初一
教师姓名	何美玲	所在学校	深圳市福田区北环中学
综合评定等级	A		

图5-2-1　何美玲老师《数轴》授课现场

二、课堂教学行为数据概览（见表5-2-2）

表5-2-2　数据概览

项目			本节课数据	与全国常模数据相比
教学模式		师生行为转换率	44.00%	低于
		教师行为占有率	39.00%	低于
		学生行为占有率	61.00%	高于
有效性提问	问题类型	常规管理性问题	0%	低于
		记忆性问题	10.53%	低于
		推理性问题	68.42%	高于
		创造性问题	5.26%	低于
		批判性问题	15.79%	高于
	挑选回答方式	点名提问	0%	低于
		让学生齐答	7.69%	低于
		叫举手者答	73.08%	高于
		叫未举手者答	19.23%	低于
		鼓励学生提出问题	0%	低于
	学生回答方式	集体齐答	3.85%	低于
		讨论后汇报	11.54%	高于
		个别回答	80.77%	高于
		自由回答	3.85%	低于
	学生回答类型	无回答	0%	低于
		机械判断回答	3.85%	低于
		认知记忆性回答	7.69%	低于
		推理性回答	73.08%	高于
		创造评价性回答	15.38%	高于
教师回应	回应方式	言语回应	30.77%	高于
		非言语回应	69.23%	低于
	回应态度	肯定回应	61.54%	低于
		否定回应	7.69%	高于
		无回应	0%	低于

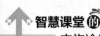
续 表

项目			本节课数据	与全国常模数据相比
教师回应	回应态度	打断学生回答或代答	0%	低于
		重复回答并解释	30.77%	高于
	四何问题	是何问题	70.59%	高于
		为何问题	11.76%	低于
		如何问题	11.76%	低于
		若何问题	5.88%	高于
	对话深度	深度一	60.00%	高于
		深度二	30.00%	高于
		深度三	10.00%	低于
		深度四	0%	低于
		深度五	0%	低于

三、教学模式分析

1. 师生活动曲线

师生活动曲线图反映的是课堂中学生（S）行为、教师（T）行为随时间的变化。该曲线对教学过程中的教师行为（T行为）和学生行为（S行为）进行两个维度的编码，每隔30秒进行采样并记录，经过数据处理后反映课堂的教学模式（见图5-2-2）。

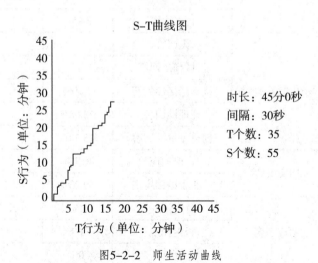

图5-2-2　师生活动曲线

2. 教学模式

教学模式图以图形的方式区分为四种典型的教学类型。教学模式由Rt值（表示T行为占有率，即T行为在教学过程中所占的比例）和Ch值（表示师生行为转换率，即T行为与S行为间的转换次数与总的行为采样数之比）所在的位置确定。由图5-2-3看出，该节课为对话型的教学模式，其中师生行为转换率为44%，低于全国常模数据；教师行为占有率39%，低于全国常模数据；学生行为占有率61%，高于全国常模数据。

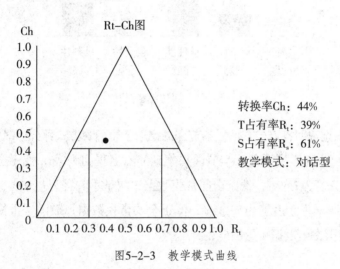

转换率Ch：44%

T占有率R_t：39%

S占有率R_s：61%

教学模式：对话型

图5-2-3　教学模式曲线

3. 有效性提问分析

（1）在问题类型方面，本节课的问题类型评分等级为A，得分超过全国90%的同类型课程。本节课中常规管理性问题（是一种用于课堂管理的、提醒式的提问）为0%，低于全国常模数据；记忆性问题（是教师梳理出的与本节课的新知识学习密切相关的学生已有知识、生活经验方面的问题）为10.53%，低于全国常模数据；推理性问题（是能引起学生依据一个或几个已有知识或经验，经过思维的加工，推导出带有学生个性化特征的概念、判断或推理的问题）为68.42%，高于全国常模数据；创造性问题（是围绕学生创造力的开发而设计的问题，要求学生致力于原创性和评价性思考，主要表现为要求学生能做出预测，解决生活中的问题）为5.26%，低于全国常模数据；批判性问题（是需要学生变换问题角度做深层次思考或反思的问题）为15.79%，高于全国常模数据（见图5-2-4）。

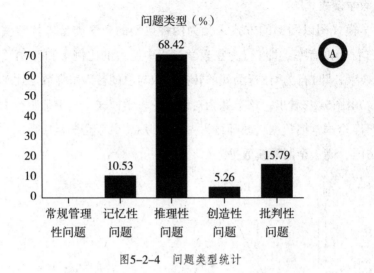

图5-2-4　问题类型统计

（2）在挑选回答方式方面，本节课的挑选学生回答方式评分等级为C，得分超过全国18%的同类型课程。本节课采集到的点名提问为0%，低于全国常模数据；让学生齐答为7.69%，低于全国常模数据；叫举手者答为73.08%，高于全国常模数据；叫未举手者答为19.23%，低于全国常模数据；鼓励学生提出问题为0%，低于全国常模数据（见图5-2-5）。

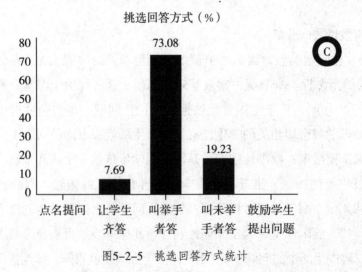

图5-2-5　挑选回答方式统计

（3）在学生回答方式方面，本节课的学生回答方式评分等级为B，得分超过全国53%的同类型课程。本节课采集到的集体齐答为3.85%，低于全国常模数据；讨论后汇报为11.54%，高于全国常模数据；个别回答为80.77%，高于全国常模数据；自由答为3.85%，低于全国常模数据（见图5-2-6）。

学生回答方式（%）

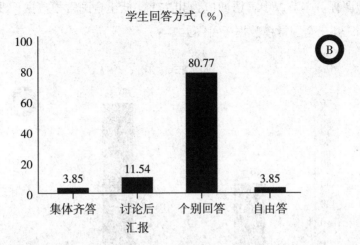

图5-2-6　学生回答方式统计

（4）学生回答类型与教师提出的问题类型相对应。本节课的学生回答类型评分等级为A，得分超过全国98%的同类型课程。本节课采集到的无回答为0%，低于全国常模数据；机械判断是否为3.85%，低于全国常模数据；认知记忆性回答为7.69%，低于全国常模数据；推理性回答为73.08%，高于全国常模数据；创造评价性回答为15.38%，高于全国常模数据（见图5-2-7）。

学生回答类型（%）

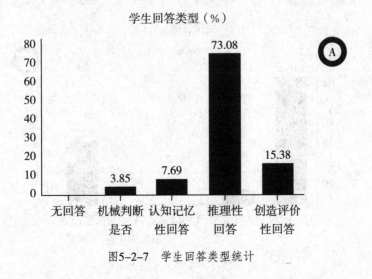

图5-2-7　学生回答类型统计

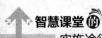

4. 教师回应分析

（1）在回应方式方面，本节课回应方式评分等级为A，得分超过全国100%的同类型课程。本节课中言语回应为30.77%，低于全国常模数据；非言语回应为69.23%，高于全国常模数据（见图5-2-8）。

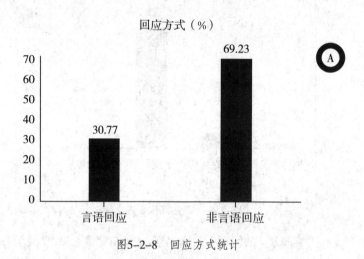

图5-2-8　回应方式统计

（2）在回应态度方面，本节课回应态度评分等级为C，得分超过全国31%的同类型课程。肯定回应为61.54%，低于全国常模数据；否定回应为7.69%，高于全国常模数据；无回应为0%，低于全国常模数据；打断学生回答或代答为0%，低于全国常模数据；重复回答并解释为30.77%，高于全国常模数据（见图5-2-9）。

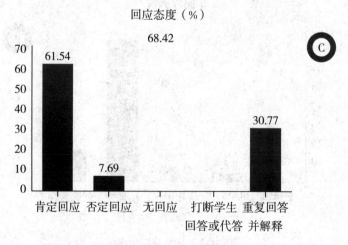

图5-2-9　回应态度统计

5. 4MAT分析

从四何问题来看，本节课的四何问题评分等级为C，得分超过全国31%的同类型课程。本节课中采集到的是何问题（指向事实性问题，如定义性问题等，该类问题的解决意味着学生事实性知识的获取）为70.59%，高于全国常模数据；为何问题（指向原理、法则、逻辑等问题，如推理性问题等，该类问题的解决意味着学生原理性知识的获取）为11.76%，低于全国常模数据；如何问题（指向表示方法、途径与状态，如技能与流程性问题等，该类问题的解决意味着学生策略性知识的获取）为11.76%，低于全国常模数据；若何问题（条件发生变化可能产生新结果的问题，如假设性问题等，该类问题的解决意味着学生创造性知识的获取）为5.88%，高于全国常模数据。四何问题在采集的时候要求问题中有明确的引导词（见图5-2-10）。

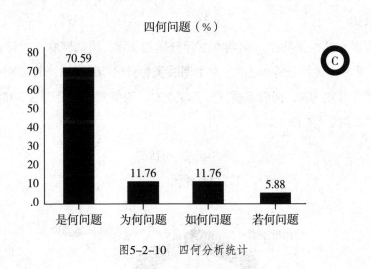

图5-2-10　四何分析统计

6. 对话深度统计

对话深度反映的是教师提出问题的难度与学生认知程度的匹配度，关注的是教师问题之间的逻辑关系和师生之间互动交流的深度，体现的是教师追问的能力。本节课对话深度评分等级为C，得分超过全国31%的同类型课程。本节课的对话深度一所占比例为60%，高于全国常模数据；对话深度二所占比例为30%，高于全国常模数据；对话深度三所占比例为10%，低于全国常模数据；对话深度四所占比例为0%，低于全国常模数据；对话深度五所占比例为0%，低于全国常模数据（见图5-2-11）。

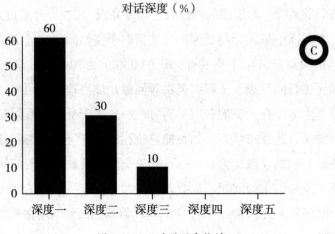

图5-2-11 对话深度统计

7. 总结

本节课有效性提问中，问题类型评分等级为A，挑选回答方式评分等级为C，学生回答方式评分等级为B，学生回答类型评分等级为A；教师回应中，回应方式评分等级为A，回应态度评分等级为C，四何问题评分等级为C，对话深度评分等级为C（见图5-2-12）。

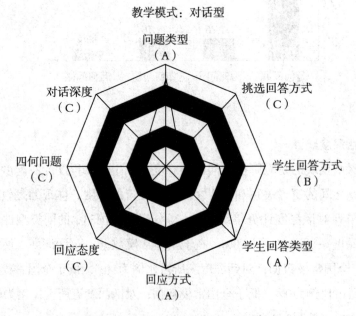

图5-2-12 课堂观察各维度评分等级

综合上述课堂观察各维度的评分等级，本节课的综合评分等级为A，得分超过全国76%的同类型课程。何美玲老师本节课的亮点为：问题类型、学生回答类型、回应方式。建议何美玲老师结合本节课的课堂行为数据，在今后的课堂中着重关注以下几个方面问题的改进：挑选回答方式、回应态度、四何问题、对话深度。

第六章

课题研究论文

在创设情境中构建灵动智慧的历史课堂

教学情境就是以直观方式再现书本知识所表征的实际事物或者实际事物的相关背景。教学情境解决的是学生认知过程中的形象与抽象、实际与理论、感性与理性、旧知与新知、背景与知识以及问题和思维的关系和矛盾。

历史知识本身具有非常丰富生动的内容，而历史教材中的表述文字往往是比较抽象简约的，在历史课堂上，教师有责任根据教学要求结合学情，利用多种手段去创设情境，激发学生求知的欲望，让历史知识鲜活起来，让过去发生的事情能真正走进学生的内心，让学生在身临其境的感知中去探索其丰富的内涵，从而在精神世界中有较充分的感悟，深刻地理解并掌握历史知识，并将历史与现实生活建立联系。

2019年6月23日，《中共中央　国务院关于深化教育教学改革全面提高义务教育质量的意见》指出，要优化教学方式，"融合运用传统与现代技术手段，重视情境教学"。在"互联网+"的背景下，怎样发挥情境效应，构建灵动智慧的历史课堂，是笔者目前思考并探索的问题。

一、课前推送，构建情境，自学促进思考

"良好的开端是成功的一半。"在上历史课之前的教学准备工作中，教师可以结合教学目标和学生的学情，利用互联网庞大的资料库和信息化工具，筛选和整合资源，为学生提供有针对性的预习材料，让学生在预习教材的基础上，有更丰富的资源选择，并初步激发思考，为融入课堂教学情境做铺垫。

1. 制作微课程

教师制作以微视频为载体进行知识讲授的教学短片，主要帮助学生完成某

个知识概念的理解，包括新知识的讲授、重难点的剖析等。微课制作常常是采用拍摄设备直接摄制视频、录屏软件录制或进行视频的合成等。

2. 推送媒体资源

教师将适合学生自学的文档、PPT、视频、网页等多种形式的资料进行归类，根据课程的需要，选取后推送给学生。学生可提前进行浏览自学，丰富知识储备，在接触新材料的过程中，对课程内容有进一步的了解。

二、课堂互动，创设情境，互动生成智慧

兴趣是学生学习的动力，激发学习兴趣才能调动学生的主观能动性，使学生参与并融入课堂。在历史课堂中，教师可根据学生原有的知识储备和生活经验创设情境，刺激学生的各种感官，激起学生的好奇心，激发学生的兴趣，活跃学生的思维，从而让学生在教师的引导下乐于探究，发展学生应用知识解决问题的能力，增强情感共鸣。

创设适合的情境，要求教师重视对资源进行智慧加工。在"互联网+"背景下，收集资源非常便利，但运用资源创设情境并非简单的下载播放，而是包含了教师个人对教材的把握，对学生知识水平的了解，体现了教师的个人智慧和情感，是教师智慧加工的结果。

1. 善用图文史料情境，提高实证意识

历史学科核心素养要求学生掌握史料实证能力，能对获取的史料进行辨析，判断史料的真伪，并运用可信史料努力重现历史真实，从中提取有效信息，提出自己的历史认识，通过师生交流、生生交流，逐渐形成共识。

例如，在部编版教材八年级上册第17课《中国工农红军长征》这一课中，教师可以展示红军过草地穿的草鞋、半截皮带、红军吃的野菜等图片史料，让学生有感性的认识，感受红军长征过程中遇到的物质匮乏的困难。

又如，引用史料《聂荣臻元帅回忆录》中的一段话："我上到山上感到气也喘不上来。山顶空气稀薄，不能讲话，只能闷着头走，不管多累，也不敢停下来休息，因为一坐下来就可能永远起不来了。"使学生对红军爬雪山的艰难有感性的认识。

再如，让学生朗诵老红军袁美义的回忆故事："那草丛间呈深褐色、透着腐臭味的沼泽，一下子就陷进去了一位战友，另一位战友去救，也被拉了进

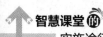

去。早上还在一起吃饭的战友，眨眼之间就不见了……"学生在朗读中、倾听中，逐渐融入角色中去感受红军过草地时的艰险以及失去战友的悲痛。

2. 巧用多媒体情境，促进课堂共情

捷克教育家夸美纽斯曾说："一切知识都是从感官开始的。"假如有一个东西能同时在几个感官上面留下印象，那便尽量用几个感官去接触。

历史跟现实生活总是存在差距，要让学生更好地走近历史，最好能营造出恰当的情境，让学生能如临其境、如见其人、如闻其声。利用多媒体可以形象地再现恢宏的历史场景、鲜活的历史人物、历史事件的来龙去脉，让学生融入场景中，通过视觉、听觉的刺激，让人物的形象、语言感染学生内心，从而激发学生的情感体验，使学生进入角色，设身处地地产生共鸣的情绪，更能理解人物的行为及历史事件的影响力，在潜移默化中强化对知识的理解，不断领悟知识的内涵，更加充满情感和迸发智慧，促进课堂共情，促进历史学科核心素养的生成。

例如，《中国工农红军长征》一课，在讲述长征初期的情况时，教师设问为何当地有"三年不饮湘江水，十年不食湘江鱼"的说法？学生们回答说红军牺牲的人数多。教师将《血战湘江》电影片段引入课堂，镜头中，年轻的战士们脸上写满了坚毅，冲锋号、呐喊声融入悲壮的背景音乐中，一批战士倒在血泊中，血染红了湘江水，又一批战士奋不顾身往前冲，冲过四道封锁线后，人数从长征出发时的8万多锐减至3万多。湘江之战是红军出发以来历时最长、战斗最激烈、损失最惨重的一次战役。学生们默默不语，流露出震惊、难受的神情，内心深处跟随着镜头中浴血奋战的战士们体味着战争的残酷、生命的逝去。从视频资源带入的情境中，学生们初步感知到长征初期在错误路线指引下，红军面临的重重危机，为理解遵义会议召开的必要性做了准备。

3. 精设问题性情境，激起思维火花

历史学习跟其他学科不同，既要了解过去发生的事件、人物，又要紧密联系现实，思考现今人们对历史事件、人物的看法，达到以史为鉴。因此，历史教学情境创设除了依托图文资料、多媒体资源等，营造历史氛围，弥补学生历史知识、生活经验储备的不足外，还可以创设能引发学生思考的问题性情境，把学生置于运用已知知识去探究未知问题的氛围之中，使学生在提出问题、思考问题、解决问题的动态过程中学习。

历史课堂上的设问，要关注学生现有的知识水平和思考能力，提供容易引发共鸣的背景，引导学生通过思考对比分析，将自己内心最真实的想法以及跨时空可能采取的做法表达出来，可能最终是一气呵成，也可能结果会跟教师预设的不一致而产生思维火花的碰撞，总之，一切基于思考，进而探讨，再而水到渠成地得出结论。

例如，部编版教材八年级上册第18课《九一八事变与西安事变》这一课中，教师提供史实资料，包括当时日本加紧侵略中国的局势，当时蒋介石对外对内的政策，中国共产党的政策，国内舆论呼声，张学良、杨虎城二人的品质等方面，并提出问题："张学良和杨虎城为何会'以下犯上'扣押蒋介石？"根据材料的引导，学生通过讨论，拨开云雾见月明，通过现象看本质，从若干个角度去分析西安事变发生的原因。

紧接着教师可借助观点的矛盾创设情境，如抛出问题："蒋介石杀害了成千上万的共产党人和革命群众，西安事变捉住了蒋介石，你认为是杀还是放？"支持"杀蒋"的学生占多数，这跟创设情境问题的发问方式有关，因为此问题是基于共产党人和革命群众的角度发问的。这时候，教师可以将西安事变爆发后复杂的社会形势的细节提供给学生，如：国民党亲英美派宋子文、宋美龄等的态度；日本竭力挑拨西安与南京的关系，反对双方的和平谈判并做好了武装干涉的准备，企图挑起中国的内战；而英美国家不希望在华利益受到损害，他们担心蒋介石被杀，亲日派掌权，所以积极支持宋美龄等亲英美派前往西安谈判，主张与张、杨妥协，同时也表示要参与调解。而中共分析西安事变后国内外形势的两大趋势：一是大规模的内战爆发，二是停止内战一致抗日。学生依据材料进行讨论后，原先支持"杀蒋"的学生转变了看法，还能头头是道地说明理由，主张有条件地"放蒋"，从而达成"停止内战，一致抗日"的目的。在问题性情境中，通过分析推理促进新的认知形成。

4. 妙用情境的迁移，引发共鸣与认同

德国教育家斯普朗格说："教育的最终目的不是传授已有的东西，而是要把人的创造力量诱导出来，将生命感、价值感唤醒。"历史与现实是不可分割的整体。学习历史的目的也是通过对历史的感性认知、理性分析，唤醒、激发学生的情感，使其带着共鸣与认同，更好地走进现实。情境的设置应与时俱进、紧跟时代，让学生在新的时代背景下，能认同并传承历史留给我们的精神

财富。

例如，在《中国工农红军长征》一课中，教师可通过各种方式将多样的史料呈现在学生面前，这样，学生能比较直观地感知长征过程的艰难，进而感悟到长征中红军战士百折不挠、排除万难的革命英雄主义精神，不怕牺牲、勇往直前的大无畏精神，舍己为人、团结互助的协作精神，坚定理想、充满信心的革命乐观主义精神等。如果此时戛然而止，学生会感觉到长征精神虽很伟大，但跟现实生活没太大关系。教师可以引用新时代背景下人们关注的各领域的感人事迹，如中国女排夺冠、"一带一路"、抢险救灾、航天科研等，也可以从日常的学习、生活入手，引导学生思考，长征精神是一种跨越时代的传承，它过去是、现在是、今后仍将是我们中华民族宝贵的精神财富。新的时代有新的征程，应不忘初心，与时俱进，传承长征精神，不断创造新的奇迹。教师也可以播放红军长征胜利80周年的宣传片《在路上》："脚下的路该怎么走？害怕的时候，我们无所畏惧；犹豫的时候，我们坚定不移；危急的时候，我们勇于担当；跌倒的时候，我们百折不挠；逆境的时候，我们不忘初心。有一种力量，滋养我们内心成长，长征，在我们每个人的路上。"是的，每个人都有自己的二万五千里，路，就在脚下！

教师通过语言、图片、视频，妙用情境的迁移，在历史与现实间建立起联结，引发学生共鸣，认同并传承中华民族宝贵的精神财富，树立文化自信，是历史学科核心素养"家国情怀"的要求，是学习和探究历史应具有的社会责任与人文追求，意在促进学生关注现实问题，以服务国家强盛、民族自强和人类社会的进步为使命。

综上所述，历史课堂的教学应该具有生命的灵性，笔者希望通过情境创设，激发学生主动参与历史课堂的热情，在感性体验、理性分析中学会思辨，生成智慧。在自主合作探究中将历史情境逐渐内化，促进学生的认知水平、情感态度与创设的情境和谐统一，促进历史学科核心素养的提高，让历史课堂更加灵动智慧。

参考文献

［1］余文森.有效教学十讲［M］.上海：华东师范大学出版社，2009.

［2］廖丽芳.教师教学情境创造力策略［M］.长春：东北师范大学出版
社，2010.

［3］郑林.基于学生核心素养的历史学科能力研究［M］.北京：北京师范大
学出版社，2017.

智慧课堂助力深度对话，发展数学核心素养

——以《应用一元一次方程——追赶小明》为例

一、研究背景

智慧课堂是教学与教育信息技术全面融合后产生的课堂理想状态和高级形式。智慧课堂的基本要求是学习体现智慧化，实现深度学习。而智慧课堂教学中的对话指的是通过倾听和言谈而进行的双向沟通、思想观念碰撞，进而理解的一种有意义的交流。对话的过程既是学生认知的过程，更是师生、生生情感交融的过程。这是参与者的探究过程，是培养学生核心素养的一种教学方式，在精彩的对话中成就充满智慧和灵动的课堂，让数学核心素养的培育落地生根。

二、在《应用一元一次方程——追赶小明》的智慧课堂教学中的深度对话策略

1. 以课程标准为依据，定位教学目标

本节课学习目标：

（1）借助线段图分析复杂问题中的数量关系，从而建立方程解决实际问题。

（2）发展文字语言、图形语言、符号语言之间的转换能力。

2. 创设情境，提出问题

观看小视频：一位学生早晨忘带作业，他刚出门不久，父母发现他忘带作业，于是赶往学校给他送作业，最终在去学校的路上追上了他。小视频为课前

师生合作制作，充分调动学生的学习积极性，教师把情境以文字方式具体化呈现，提出相关问题。

追及问题：

例1：小明早晨要在7：20以前赶到距家1000米的学校上学。一天，小明以80米/分的速度出发，5分钟后，小明的爸爸发现他忘了带历史作业，于是，爸爸立即以180米/分的速度去追小明，并且在途中追上了他。

（1）爸爸追上小明用了多长时间？

（2）追上小明时，距离学校还有多远？

3. 科学设计问题，促进学生深度思考

问题1：一元一次方程的应用在本章帮助我们解决了许多实际问题，请问在方程应用中关键是什么？

生齐答：找等量关系。

引导学生回顾用一元一次方程解应用题的关键是找等量关系。从方程的角度思考解决问题的方法。

问题2：如何找到本题的等量关系？

生1：从题意分析等量关系：

小明所用时间=5+爸爸所用时间，小明走过的路程=爸爸走过的路程。

生2、生3、生4提出疑惑：生1是怎么做到这么快找到等量关系的呢？

生5与生1合作展示方法（见图6-2-1）：

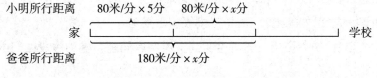

图6-2-1 爸爸追上小明线段示意图

师生合作抽象概括，生成方法：线段图法分析行程问题的等量关系，培养学生数形结合分析问题的能力。板书解题过程：

解：设爸爸追上小明用了x分钟，据题意得$80 \times 5 + 80x = 180x$。

解，得$x = 4$。

答：爸爸追上小明用了4分钟。

4. 数学应用，深化方法

活动内容1： 变换条件，研究起点不同的追及问题。

例2：甲、乙两站间的路程为450千米，一列慢车从甲站开出，每小时行驶65千米，一列快车从乙站开出，每小时行驶85千米。设两车同时开出，同向而行，则快车几小时后追上慢车？

生1借助触屏手绘分析已知条件，引导大家正确画出线段图（见图6-2-2）：

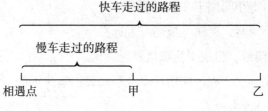

图6-2-2 快车追慢车线段示意图

找出等量关系：快车所用时间=慢车所用时间，快车行驶路程=慢车行驶路程+相距路程。

板书解题过程：

解：设快车x小时追上慢车，

据题意得$85x=450+65x$。

解，得$x=22.5$。

答：快车22.5小时追上慢车。

在熟悉线段图的基础上，学生进行变式训练，加深对线段图分析追击问题方法的理解，发展数学运算、数学建模等核心素养。

活动内容2： 知识拓展，与学生共同探讨相遇问题，借助线段图归纳出其中的关系。

例3：甲、乙两人相距280米，相向而行，甲从A地每秒走8米，乙从B地每秒走6米，那么甲出发几秒与乙相遇？

学生独立思考，正确画出线段图，找出等量关系：

甲所用时间=乙所用时间，甲路程+乙路程=甲乙相距路程。

板书解题过程：

解：设t秒后甲、乙相遇，

据题意得$8t+6t=280$。

解，得$t=20$。

答：甲出发20秒与乙相遇。

活动内容3：相遇和追及的综合问题。

将前两类题综合起来，形成一道综合题目。

例4：七年级一班列队以每小时6千米的速度去甲地。王明从队尾以每小时10千米的速度赶到队伍的排头后又以同样的速度返回排尾，一共用了7.5分钟，求队伍的长。

生1：这个问题有相遇也有追击。

生2和生3合作画图分析，教师运用同屏展示多名学生的分析方法。

教师引导分析：

思路：把综合问题分解成两个简单问题，使难度降低。

例如，一列队伍，一个人从队尾追到排头，接着返回队尾的题目。

分解：①追上排头——追及问题；

②返回队尾——相遇问题。

找出等量关系：

追及问题：队尾追排头；相遇问题：排头回队尾。

活动内容4：归纳小结。

师：通过本课时的学习，你有哪些收获，请从知识、思想方法与经验方面进行小结。

学生自主思考后，课堂集中交流，通过交流、审视、体验与反思，师生互助完善。在此过程中，学生有效加深了对方程应用的理解，领悟了数学思想，增强了数学学习成就感。

三、教育价值

发展学生的模型思想、几何直观、应用意识等是数学教学的重要目标，也是学生应当具备的数学核心素养。一元一次方程应用的学习有利于学生数学核心素养数学思维能力、综合运用知识能力和数学学习能力的提升。

1. 有利于发展学生的几何直观

学生在北师大版教材七年级上册第五章学习了一元一次方程，在学习第五章一元一次方程的过程中，学生能够体会数形结合的优势，将抽象的方程与直观

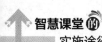

的图形联系起来，并学会从"数""形"两个角度去分析观察同一对象，通过不同的途径解决问题，发展学生几何直观，强化数学模型思想和转化思想。

2. 有利于培养学生思维的深刻性

思维的深刻性是指能从数学的感知材料中揭示数形的本质特征，确定它们的内在联系和规律。在解决一元一次方程的行程问题过程中，学生需要用数学的眼光进行观察，从数学的角度进行思考，运用数学的思想方法解决问题，学生对数学结论不但要知其然，还要知其所以然，分析思考问题时，不迷恋事物的表面现象、外在特征，要能够自觉地注意到事物的本质，要透过事物的表象看到问题的实质，要能够从本质看问题，善于区分主要的、次要的、表面的、本质的。古人云："学起于思，思起于疑，学贵有疑。"要培养学生思维的深刻性，可以以疑激思，用问题鼓励学生质疑困难，提高学生的洞察力。

3. 有利于培养学生思维的灵活性

思维的灵活性是指善于从不同的角度和不同的方面进行分析与思考，善于根据条件和问题的变化而转换思考的角度、思路与方法。将以前学到的知识应用到实际生活中，解决一些实际问题。在学习新的知识时，能将旧的知识迁移到新知识中，从而掌握新知识。

4. 有利于培养学生思维的敏捷性

思维的敏捷性是指思维活动的速度，它表现为思考数学问题时的灵敏程度。美国心理学家布卢姆说过："有效的教学始于要达到的目标是什么。"教学目标是教学的出发点和归宿。教学时，教师应及时揭示教学目标使学生明确学习的目的和任务，使学生在教学目标的指引下积极探索，点燃思维的火花，引导他们大胆提问。课堂上不会发问、不敢发问的学生，不是思维敏捷的学生。

四、结语

总之，数学核心素养反映的数学本质与数学思想是在数学学习过程中形成的。只有学生思维品质的培养与整个教学过程有机地结合起来，才能培养出能够独立学习、独立思考的学生。只有学生具备良好思维品质，我们的教学才能收到良好的教学效果。

📖 参考文献

武玉芳，常磊.明晰教学内涵　提升教师素养——以"二元一次方程与一次函数"PCK内涵分析为例［J］.中学数学教学参考，2018（32）：60–63.

合作学习的运用促进英语智慧课堂的生成

一、智慧课堂

智慧课堂有两种理解：一方面，智慧课堂是以智慧教育理念为指导，发挥学生和教师的聪明才智，对传统课堂进行更新和改造，构建一种以分析、创造、思维和评价为主要目的的参与式课堂；另一方面，智慧课堂构建的课堂学习环境是通过技术变革教学模式构建的一种集个性化、网络化、智能化、数字化和多媒体化于一体的新型教学环境。我们往往重视信息技术在智慧课堂生成中的作用，而忽视了学生和教师及学生之间的思维碰撞产生的智慧课堂。合作学习能很好地促进智慧课堂的生成。

二、合作学习理论

合作学习（cooperative learning）可以从很多学习理论中找到科学依据。皮亚杰（Piaget）的认知发展理论认为合作学习中产生的认知不平衡，通过同化和顺应等手段，积极建构了新知识（认知平衡），促进新的认知结构的建立。维果斯基（Vygotsky）的社会认知理论指出学习就是一个合作的过程，是一个社会产物。罗杰斯（Rogers）的人文理论强调学习过程中没有心理威胁的安全的环境和责任的重要性。

合作学习作为20世纪70年代兴起于美国的一种教学理论与策略体系，在世界范围内得到了广泛的应用。20世纪中期，合作学习再度成为教育理论和实践关注的话题。此后，在约翰逊兄弟（David W. Johnson和Roger T. Johnson）、斯莱文（R.E.Slavin）教授、卡根（S.Kagan）博士等学者的共同努力下，有关合作学习的各种教学方法如雨后春笋般涌现，形成了合作学习繁花似锦的大好局面。

什么是合作学习呢？合作就是大家齐心协力地完成共同的目标。在合作过程中，每个人都试图寻找既有利于自己也有利于团队其他成员的结果。合作学习则是一种利用小团队进行学习的方法，学生们一起学习使每个人的成绩尽可能地得到提高。

三、英语教学中的合作学习

《初中英语》（牛津深圳版）是按照《义务教育英语课程标准（2011年版）》（以下简称"新课标"）编写的一套教材，课程的目标是以学生为主体，通过学生感兴趣的话题，激发和培养学生学习英语的兴趣，提高学生综合运用英语的能力，并培养他们跨文化交际的意识和自主学习的能力。新课标倡导任务型的教学模式，让学生在教师的指导下，通过感知、体验、实践、参与和合作等方式，实现任务的目标，感受成功，在学习过程中进行情感和策略调整，以形成积极的学习态度，促进语言实际运用能力的提高。

新课标明确提出"通过感知、体验、实践、参与和合作等方式，实现任务的目标"。由此可见，小组合作学习是开展任务型教学活动的重要途径之一。作为任务型教学的重要活动形式，小组合作学习创造了一个有利于学生语言学习的环境，但同时也对教师提出了更高的要求，需要教师加强对教材的钻研，理解其设计意图，并借助各种教学手段，利用灵活的教学方法和生动活泼的教学形式来组织教学。小组合作学习是一种具体的教学组织形式，教师还应不断通过自己的教学实践对小组合作学习进行更深刻的探究和总结，掌握合作的最佳时机，以获得最佳的教学效果。按照新课标的要求，笔者也尝试着用合作学习教学方式试教，内容为《初中英语》（牛津深圳版）7A中Chapter5的reading部分，授课时长为一节课。这个阅读板块的主要内容是一个关于太空的科幻历险故事。

四、合作学习英语教学的尝试

第一次执教

在第一次教学尝试中，笔者按照教参指示和自己对合作学习的理解执教，大概步骤如下。

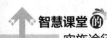

第一步：学生按座位划分，每6人为一组。

第二步（导入）：教师播放一组关于太空词汇的图片和相应的单词，并带领学生诵读。

第三步：教师播放图片，学生以小组为单位，竞赛抢答图案所对应的单词。答对一个得1分。

第四步（预测）：以小组为单位，根据文章题目和插图，讨论练习B的预测题并完成，小组汇报，教师对答案。

第五步：听课文录音，了解课文大意，小组讨论完成练习C，小组汇报，教师对答案。

第六步：小组内分角色朗读课文，并讨论完成练习D，小组汇报，教师对答案。

第七步：小组讨论角色性格特征，并根据讨论的结果，分角色演绎课文内容。教师做评价，选出演绎最好的一组，加分。

第八步：总结重温课文内容，选出分数最高的两组给予奖励。

在第一次执教中，笔者按照教参和自己对小组合作学习的肤浅认识而设计活动。虽然在第二步导入部分小组抢答激烈，学习兴趣浓厚，但到了后面的练习步骤，课堂气氛就变得沉闷，且小组合作的实施也出现很多问题。阅读课文后完成练习的小组讨论中，小组成员很少讨论。后来得知原来很多学生都有参考答案，他们已知正确答案，就觉得没有讨论的必要了。因为学生对课文没有进行深入理解和讨论，到了第七步的课文人物角色性格特征讨论，学生便无从入手，角色扮演也不能做到真正意义上的演绎，只能变成一般的分角色朗读课文。

笔者对这次执教进行反思，也对合作学习做更深入的了解。约翰逊兄弟写到，为了使合作更加有效，必须在每一堂课中明确地构建五个基本要素。第一个基本要素是积极的相互依赖关系。小组必须设定一个明确的任务和团队目标，学生才能相信他们的确是"同舟共济"的。第二个基本要素是个人和小组的责任。小组必须有责任实现自己的目标，小组每个成员也必须有责任完成自己的工作。第三个基本要素是进行促进式的交流，尤其是面对面的交流。合作学习应该包括重要的认知活动和人与人之间的交流互动，而这些只有在学生相互促进学习的过程中才能发挥作用。第四个基本要素是教授学生所必需的人际交往和小团队的技巧。在合作学习小组中，要求学生们既要学习完成指派任务的新知识，又要学习团队工作所必需的人际交往和小团队技巧。第五个基本要素是小组的处理过程。当小组成员讨论评价他们实现目标和维持工作关系的有效性时，小组的处理过程就开始了。第一次执教中的合作学习只包含了第三个基本要素：面对面地进行促进式交流。其他基本要素都没包含，导致执教不能真正发挥合作学习的优势。

笔者根据这五个基本要素，加上对合作学习更深入的了解，重新设计教案，进行了第二次教学尝试。

第二次执教

第一步：根据学生实际情况进行异质分组，每小组6人。

设计意图：众多研究者通过研究得出，小组规模以2~6人为宜。由于笔者执教的班级人数过多，如果采用2~4人的小组，小组数量过多会导致小组汇报占用时间过长，所以只能适当增大小组规模。所以笔者设置每组为6人。

本次执教笔者采用了异质分组的方法来代替就近分组。所谓异质分组是指在传统的课堂教学中，将学生按能力、性别、个性、特点、家庭社会背景等混合编组，在小组成员间形成最大限度的差异。异质分组是合作学习的基本分组原则，它能让学生在学习过程中吸收更多的不同观点，使自己的思维开阔，让他们学会与人分享，学会欣赏和接受不同的事物，并在此基础上产生在一个混合小组中工作的愿望，而不只是勉强地接纳他人。

第二步：分组后让学生在组内进行任务角色分配。由于本节课文内容是由不同人物角色组成的小故事，所以笔者把小组长、记录员、陈述员等小组角色具体化，变成了课文中的角色：Captain King（小组长）、Pilot Lam（陈述员）、Navigator Peters（记录员）、Gork the monster（声音监控员）、Tow Kangaroos（组员）。每组还会发一张角色责任清单。

角色责任清单如下：

Captain King（小组长）：鼓励参与（确保小组所有成员都有所贡献），观察（记录小组成员如何讨论或使用讨论技巧）。

Pilot Lam（陈述员）：澄清或解释（重新陈述其他成员的理解或澄清消息），总结（无须参照笔记或原始资料，尽可能完整准确地重新陈述小组的主要结论、答案或已经阅读和讨论的内容）。

　　Navigator Peters（记录员）：记录（记录小组决策，编辑小组报告）。

　　Gork the monster（声音监控员）：声音监控（确保所有小组成员使用和平声音讨论，确保小组成员不跑题或闲聊）。

　　Tow Kangaroos（组员）：生成（提出合理答案和结论，以供选择），详细阐述（把当前的讨论与以前的学习材料和现在的认识框架联系起来等）。

　　设计意图：为了确保合作性学习的第二个基本要素——个人和小组的责任，笔者让组员进行角色分工。角色规定了小组其他成员对某个学生的期望，这位学生因而也承担了这项责任。这样避免了在小组合作中一些组员无所事事、不做贡献的现象。而角色根据课文内容具体化后，也增加了学生对文章学习的兴趣和对文中角色的关注。向小组发放角色责任清单的目的是更好地保证合作学习的第四个基本要素——教授学生所必需的人际交往和小团队的技巧。责任清单渗透了有关进行更有效的领导、制定决策、建立信任、进行交流和冲突管理的一些知识。

　　第三步：向学生解释这节课的小组任务及评价的标准。在一节课的过程中，学生以小组为单位完成任务并得到相应的分数。课结束时，得分最高的一组将得到奖励，得分最低的一组受到惩罚。

　　设计意图：笔者在学生明确任务以后向学生说明这个目标是整个小组共同的学习目标。它不是针对个别学生提出的要求，每个学生都要努力实现目标，更需要组员相互支持和帮助，以确保小组所有成员都达到目标。这有助于加强合作学习的第一个基本要素——积极的相互依赖关系。

　　第四步（导入）：教师播放一组关于太空词汇的图片和相应的单词，并带领学生诵读。

　　第五步（预测）：学生根据课文插图和文章题目提出问题，教师举例子，如*Nobody wins*中是什么样的比赛中没人赢呢？每个组员都要独立写出至少两个问题。

　　设计意图：第一次试教的小组讨论中很多学生无话可说，很可能是因为笔者没给他们思考的时间就直接让他们讨论，很多学生根本没准备好自己的观点。此步骤也能保证合作学习的第二个基本要素——个人与小组的责任。每个成员被要求先把自己的问题写出来供以后讨论用，这样可保证每个成员都做了贡献。

第六步：学生听课文录音，尝试回答自己写的问题。

第七步：小组分角色朗读课文一遍，组员间相互纠正朗读错误。

第八步：朗读课文后，每个组员根据课文内容提出至少两个问题，并尝试自己找到答案。

设计意图：此步骤也是为了保证合作学习的第二个基本要素——个人与小组的责任。

第九步：小组长组织组员讨论各自提出的问题，并得出答案。然后选出本组认为最难的五道题目，并写上讨论得出的答案，记录员做好记录。

第十步：每个小组轮流由陈述员提出问题，其他小组抢答，答对得分，没有小组答对的话，负责提问的小组需解释答案，然后得分。比赛后，教师做总结，并且在过程中对错误的答案做出更正。

第十一步：每个小组对各个人物的性格特征进行概括讨论，用至少一个形容词形容。讨论结束后，教师随意问不同小组的不同成员，如果哪个组员不能回答，该小组扣1分。教师再做总结。

第十二步：小组进行角色扮演复述课文。首先在小组内扮演，再由小组自愿在全班表演，教师做评价，表现好的小组得分。

第十三步：总结重温课文内容，选出分数最高的一组进行奖励，分数最低的一组做小惩罚，如唱歌等。

第十四步：向每个小组发放小组表现评价表，让小组成员做自我评价，写出今天做出的对团队有帮助的两件事情（见表6-3-1）。

表6-3-1　小组表现评价表

姓名	有效帮助团队的行为	有效帮助团队的行为

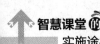
设计意图：小组评价表格是为了让合作学习的第五个基本要素——小组的处理过程得到实现。小组有必要判断成员的哪些行为是有益的，哪些行为是徒劳无功的，并及时决定应该保留或应该改善的行为，进而提高合作学习的效率。

第二次执教效果有所改善，学生都十分明确自己的任务和职责，讨论有计划地进行，最后的角色扮演也因对角色做了很好的理解而表演出色。但是这次执教步骤过多，一节课时间根本无法完成，所以讨论部分略显仓促，最后的小组自我评价也无法完成。

五、总结

笔者经过两次对合作学习进行尝试，获得几点启发：

（1）真正意义上的合作学习是一个持续的过程。合作学习的一些基本要素（如个人和小组的责任、人际交往和小团队技巧、小组处理过程）都需要长时间的训练和改善，以让学生达到真正意义上的合作。合作性基础小组是由稳定成员组成的长期混合型小组，至少要持续一年。而持续几分钟或者一堂课的合作学习小组只能算是非正式的合作性学习小组。所以教师须持之以恒地对学生进行合作学习的训练，而不是试上几节公开课就能一蹴而就的。

（2）合作学习一定要在对学生了解的基础上进行。笔者曾参加过赛教，发现一些教师非常喜欢套用合作学习，对第一次见面的学生也做表面上的合作学习功夫（分小组布置班级座位）。但事实上换汤不换药，上课还是按照传统的方式，只是座位布置不同而已。在没有理解合作学习的真正含义时就随意套用，只会导致有些学生更加不能集中精神听课，在小组中聊天。异质小组需要教师在分组上花很多功夫，根据学生能力、性别、个性、特点、家庭社会背景等混合编组，在小组成员间形成最大限度的差异，但组间要尽量做到差异最小。小组角色分配也要做到定时轮换，以便小组每个成员都可以多次扮演各个角色，练习不同的小组合作学习技巧。

（3）要实现真正意义上的合作学习，五个基本要素都不能缺。而要包括这五个要素，教师起着至关重要的作用。所以教师要做好以下几个方面：①教学前决策（如确定教学和社交技巧的目标，确定小组规模、成员和角色分配等）。②解释任务和合作结构（如清晰地向学生解释任务目标、成功的标准，帮助学生建构积极的依赖关系和合作等）。③监督与干预（安排面对面的促进式交流，监督学生行为，帮助学生提高完成任务的效率和团队合作效率）。④评价和处理（如评估学生的学习成果和小组的处理过程）。特别是评估小组的处理过程，笔者认为，这是大部分尝试合作学习的教师经常忽视的一个重要方面，然而却是保证学生合作学习效率提高的一个非常重要的方面。

虽然不是所有的教学内容都适合用合作学习的教学方式，但是合作学习有助于提高不同层次学生的成绩，在学生中建立积极的相互依赖的关系，能给予学生在健康的人际交往、形成正确的心理和认知过程中所需的经验，为学生将来踏进社会做好充足的准备，是培养高素质人才的重要途径。只要教师运用恰当，合作学习一定能使学生的学习效率更高，从而促进英语智慧课堂的生成。

参考文献

［1］Hancock, Dawson.*Cooperative Learning and Pee Orientation Effects on Motivation and Achievement*［J］. The Journal of Educational Research, 2004（3）：97

［2］Johnson W. David and Johnson T. Roger. *Making Cooperative Learning Work*［J］. Theory into Practice, 1999，38（2）.

［3］Johnson W. David and Johnson T. Roger.合作性学习ABC［M］.粟芳，杰斯沃德，译.上海：上海科学普及出版社，2006.

［4］Slavin, E. Robert. Review of Educational Research［M］.Washington：American Educational Research，1980.

［5］黄雪祥.英语（新标准）模块任务教学中的小组合作学习［J］.基础英语教育，2006（5）：65-68.

［6］中华人民共和国教育部.全日制义务教育普通高级中学英语课程标准（实验稿）［M］.北京：北京师范大学出版社，2001.

［7］李洁莉.大学英语大班化教学中合作学习可行性的实证研究［J］.西安外国语大学学报，2007（3）：91-94.

［8］马兰.合作学习［M］.北京：高等教育出版社，2005.

［9］上海教育出版社.初中英语（牛津深圳版）七年级第一学期［M］.上海：上海教育出版社，2001.

［10］伍新春，管琳.合作学习与课堂教学［M］.北京：人民教育出版
社，2009.

［11］马静.高中英语智慧课堂教学模式探讨［J］.中国教育技术装备，
2019（9）.

一题多解，让数学课堂不再枯燥乏味

——从课堂上的一道习题说起

　　《义务教育数学课程标准（2011年版）》中表述：数学教育既要使学生掌握现代生活和学习中所需要的数学知识与技能，更要发挥数学在培养人的思维能力和创造能力方面的不可替代的作用。一题多解是运用不同的思维途径，用两种或两种以上的方法求解同一个数学问题。教学实践告诉我们，一题多解有利于加强学生的思维训练；有利于充分调动学生思维的积极性，提高学生综合运用已学知识的能力与促进学生智慧的增长；有利于开拓学生的思路，引导学生灵活地掌握知识之间的联系，培养和发挥学生的创造性。通过对不同解法的分析可以开拓学生思路，发散学生思维，使学生学会多角度分析和解决问题。一题多解真正把课堂还给学生，让数学课堂不再枯燥乏味，点燃数学课堂的智慧火花。

　　【案例】

　　问题：已知，如图6-4-1所示，$BE \perp DE$，$\angle 1 = \angle B$，$\angle 2 = \angle D$，试确定AB与CD的位置关系，并说明理由。

　　分析：这道题探究AB与CD的位置关系，在同一平面内两条直线只有垂直和平行的位置关系，学生通过观察图形很容易感知$AB // CD$，学生会进一步从"线"和"角"这两个方面借助构造和转化思想来演绎推理。当已知角与所探讨的平行线没有直接关系时，可以把分散的角通过三角形内角和定理、三角形外角定理，

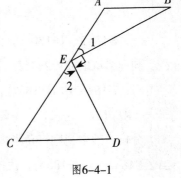

图6-4-1

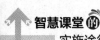

也可以通过添加辅助线，构造出同位角、内错角和同旁内角，利用平行线的性质，建立起联系。这道题可以用来训练学生思维的灵活性、广阔性、敏捷性和独创性。教师出示问题后，巡视教室并参与学生讨论，接下来，学生展示以下证法。

证法1：如图6-4-2，过点E作$EN//AB$，

$\therefore \angle BEN=\angle B$，

$\therefore \angle B=\angle 1$，

$\therefore \angle BEN=\angle 1$，

$\because \angle BED=90°$，

$\therefore \angle 1+\angle 2=180°-\angle BED=90°$

$\qquad\qquad =\angle BEN+\angle DEN$，

$\therefore \angle DEN=\angle 2$，

$\because \angle 2=\angle D$，

$\therefore \angle DEN=\angle D$，

$\therefore EN//CD$，

$\therefore AB//CD.$

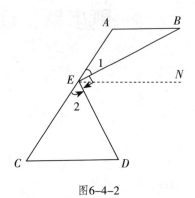

图6-4-2

分析：学生借助构造和转化思想，过点E作$EN//AB$，根据平行线的性质得到$\angle BEN=\angle B$，等量代换得到$\angle BEN=\angle 1$，推出$\angle DEN=\angle D$，根据平行线的判定即可得到结论。

证法2：如图6-4-3，

$\because BE\perp DE$，

$\therefore \angle 1+\angle 2=90°$，

又$\because \angle EAB+\angle B+\angle 1=180°$，

$\angle B=\angle 1$，

$\therefore \angle EAB+2\angle 1=180°$，

同理$\angle ECD+2\angle 2=180°$，

$\therefore \angle EAB+\angle ECD=180°$，

$\therefore AB//CD.$

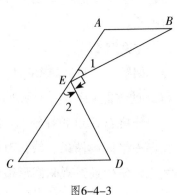

图6-4-3

分析：学生利用三角形内角和为180°，$BE\perp DE$，$\angle 1=\angle B$，$\angle 2=\angle D$，推出$\angle EAB+\angle ECD=180°$，用同旁内角互补，证$AB//CD$。

证法3：连接BD，如图6-4-4，

∵BE⊥DE，

∴∠1+∠2=90°，

∠EBD+∠EDB=90°

又∠1=∠B，∠2=∠D，

∴∠ABE+∠CDE=90°，

∵∠ABD=∠ABE+∠EBD，

∠CDB=∠EDB+∠CDE，

∴∠ABD+∠CDB=180°，

∴AB//CD.

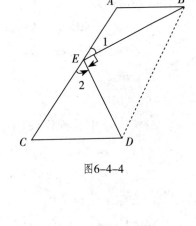

图6-4-4

分析：学生受到证法2的启发，构造出同旁内角，利用直角三角形两锐角互余，BE⊥DE，∠1=∠B，∠2=∠D，推出∠ABD+∠CDB=180°，用同旁内角互补，证AB//CD。

证法4：分别延长BA、DC，如图6-4-5，

∵∠GAC=∠1+∠B，

又∠1=∠B，

∴∠GAC=2∠1，

同理∠FCA=2∠2，

∵BE⊥DE，

∴∠1+∠2=90°，

∴∠GAC+∠FCA=2（∠1+∠2）=180°，

∴AB//CD.

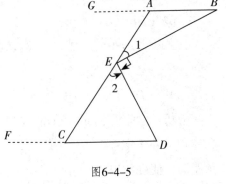

图6-4-5

分析：学生受到证法3的启发，构造出同旁内角，利用三角形外角定理，BE⊥DE，∠1=∠B，∠2=∠D，推出∠GAC+∠FCA=180°，用同旁内角互补，证AB//CD。

证法5：延长BE、DC交于点F，如图6-4-6，

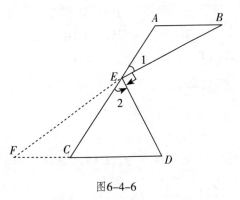

图6-4-6

∵$BE\perp DE$,

∴∠1+∠2=90°，∠D+∠F=90°，

又∠1=∠B，∠2=∠D，

∴∠B=∠F，

∴$AB//CD$.

分析：学生受到证法4的启发，借助构造出内错角，利用垂直的性质，$BE\perp DE$，∠1=∠B，∠2=∠D，推出∠B=∠F，用内错角相等，证$AB//CD$。

证法6：延长CA，如图6-4-7，

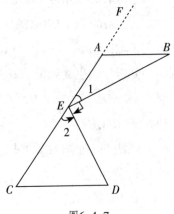

∵∠FAB=∠1+∠B，

又∠1=∠B，

∴∠FAB=2∠1，

∵∠C+∠2+∠D=180°，∠2=∠D，

∴∠C+2∠2=180°，

∵$BE\perp DE$，

∴∠1+∠2=90°，则2∠1+2∠2=180°，

∴∠C=∠FAB，

∴$AB//CD$.

图6-4-7

分析：学生受到证法5的启发，构造出同位角，利用三角形内角和为180°和三角形外角定理，$BE\perp DE$，∠1=∠B，∠2=∠D，推出∠C=∠FAB，用同位角相等，证$AB//CD$。

得出六种解法后，学生非常兴奋，思维仍处于十分活跃的状态，这时教师不失时机地提示学生，这题还有其他解法吗？引导学生转换角度考虑此问题。学生又通过积极思考与讨论，想到了不同的证法。

证法7：分别作∠EAB、∠ECD的平分线交于点F，则∠EAB=2∠EAF，∠ECD=2∠ACF，如图6-4-8，

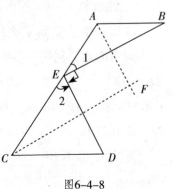

∵∠1=∠B，

∴$AE=AB$，

又∵AF平分∠EAB，则$AF\perp BE$，同理$CF\perp DE$，

图6-4-8

∵BE⊥DE,

∴CF//BE.

又∵AF⊥BE,

∴AF⊥CF,

∴∠EAF+∠ACF=90°,

∴∠EAB+∠ECD=180°,

∴AB//CD.

分析：学生开始重新分析已知条件，整合旧知识，变换角度，借助∠1=∠B联想到等腰三角形，利用等腰三角形"三线合一"的性质，BE⊥DE，∠1=∠B，∠2=∠D，推出∠EAB+∠ECD=180°，用同旁内角互补，证AB//CD。

证法8：设∠1=x，如图6-4-9，

∵BE⊥DE,

∴∠1+∠2=90°，

则∠2=90°−x.

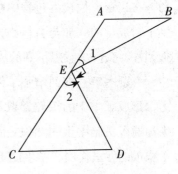

在△ABE中：∠A=180°−2x,

在△CDE中：∠C=180°−2（90°−x）=2x,

则∠A+∠C=180°

∴AB//CD.

图6-4-9

分析：学生继续转换角度，联想到方程思想，通过设未知数，利用三角形内角和为180°，BE⊥DE，∠1=∠B，∠2=∠D，建立方程，得出∠A+∠C=180°，用同旁内角互补，证AB//CD。

学生还想出了很多解法，但本质上都类同于上述解法，就不再列出。

笔者做好解题后的评价、欣赏和总结工作后，不忘做好解题后的引申、拓展工作。事实上，对问题的延伸可以激发学生的学习热情，促进学生的学习，提高学生的探究能力。因此笔者布置了两个作业：①汇总、归纳课堂上的不同解法，并对问题进行更深入的发掘和数学思想的提炼；②给了学生一道变式题，希望学生能从一题多解延伸到多题一解。

变式：若图形变化为如图6-4-10、图6-4-11所示，且满足∠1+∠2=90°，那么AB与CD还满足上述关系吗？若满足，选择一个图形进行证明。

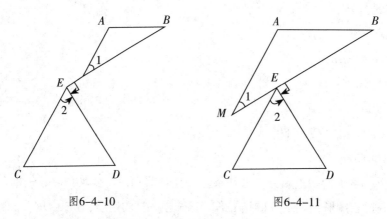

图6-4-10   图6-4-11

课后反思：通过一题多解，学生在探索、实践、发现的过程中享受到成功，在兴奋、愉快的过程中既学到了知识与方法，又一次次在成功的体验中产生了对数学的兴趣与自信心，同时还培养了思维的广阔性、灵活性、敏捷性和独创性，获得了意想不到的成果。

一题多解一方面增强了例题的使用价值，另一方面也培养了学生的创新潜力，形成了学生的探究意识。一题多解既让学生复习、回忆了旧知识，也让学生沟通了头脑中不同知识之间的联系，同时还对完善学生的数学认知结构起到了积极的促进作用，学生能更好地掌握数学思想和方法，走出题海战术。

笔者心得：通过一道题的多种解法训练，激发了学生的学习热情，发散了学生的思维能力，整合了所学的知识，点燃了数学课堂的智慧火花。

参考文献

［1］刘天英.从一题多解中培养学生的数学能力［J］.科技信息，2009（4）：227.

［2］范国海.要一题多解，更需要数学思想的提炼［J］.中国科教创新导刊，2009（35）：91，93.

［3］陈雪芸.数学智慧课堂：核心素养不可或缺［J］.山西教育（教学），2019（2）.

［4］杨婧.以生为本，点亮数学智慧课堂［J］.科教导刊（电子版），2018（14）：176–177.

用核心问题彰显语文课堂整体性

如今很多教师的课堂教学只是围绕基本知识而设计，将鲜活的文本拆分为一个一个零散的问题，一问一答，教学在肢解中变得枯燥无味。这样的课堂，学生只能被动地听、记、背，毫无生机与活力。课堂教学应当是一个整体，课堂提问也应该是环环相扣、一气呵成的。这些问题不能随机地抛出或简单地呈线式结构，而应基于核心知识和学生已有经验提出，起到深入学科本质，统领教学环节，引领学生思考，便于学生开展自主、探究、合作学习的作用。这样的问题我们称之为"核心问题"。合理设计的核心问题能使课堂教学中的阅读与互动都围绕它展开，能从课文整体的角度或学生的整体参与性上引发思考、讨论、理解、品味、探究，从而实现教学目标，突出课堂的整体性。

在上人教版教材七年级上册《猫》这篇课文时，笔者设计了一个核心问题：作者是一个爱猫的人吗？课堂伊始笔者就问了这个问题。全班49人，共有31人认为作者是爱猫的。这个问题看似无心，名为检查预习，实则在为后文做铺垫。

既然大多数人认为作者爱猫，我们就来找找"爱"的证据。通过看图识猫、给猫取名、填写表格三个活动，梳理作者对三只猫外貌、动作、性情等的描写。然后找出文中直接体现"我"喜欢猫的句子，教师指导朗读。

既然有部分人认为作者不爱猫，我们再来找找"不爱"的证据，由此大家自然把目光集中在第三只猫身上。分析完"芙蓉鸟事件"之后，笔者问了第二次：作者是一个爱猫的人吗？这一次，只有15人举手，有16人发生了变化。我请第一次举手但第二次没有举的人回答：为什么你的观点发生了改变？学生回答：真正爱猫的人不会不分青红皂白地打猫；第三只猫没有给作者带来快乐因此不喜欢它，这不是真的爱……

顺着学生的回答，笔者问"真正的爱"是什么，并继续引导学生思考：冤枉了第三只猫后"我"的态度如何？为什么更难过得多？为什么"我"从此不养猫？找出文中强烈表达情感的句子。指导深情朗读后，笔者问第三遍：作者是一个爱猫的人吗？这次人数又发生了变化。笔者问改变观点的原因。学生说，因为"我"深深自责，并为再也无法弥补自己的过失感到愧疚，说明"我"其实是爱猫的，并且不仅爱猫，更尊重所有生命。文章的中心不言自明。

　　至此，核心问题出现三遍。

　　（1）在课堂教学的初读阶段，笔者用这个问题牵动对课文的整体理解，从而提高学生阅读的质量，加深学生对课文的印象。

　　（2）在课堂教学中，笔者用这个问题衔接教学的主要活动板块，形成清晰的课堂教学思路，形成生动活泼的学生主体性参与的教学模式。

　　（3）在课文教学深化阶段，笔者再次用这个问题激发学生思考，引发讨论，深化理解，强化再创造，形成波澜，从而深化学生对课文的理解。

　　笔者在教学七年级下册《孙权劝学》一文时选用的核心问题是：谁是这篇文章的主角？这个问题贯穿了三个课时。第一课时，从情节角度思考这个问题。翻译词句、梳理文意是这节课的重点。学生无法得出统一答案。第二课时，从人物性格角度思考这个问题。通过小组合作表演课本剧的方式，大家总结了孙权、吕蒙、鲁肃三人不同的语气特点和性格特点。可是，全班对谁是主角依然莫衷一是。第三课时，学生结合前两节课掌握的所有信息，进行了一场激烈的自由辩论。

　　孙权支持者的理由有：

　　（1）文章标题就是《孙权劝学》。

　　（2）他台词最多。

　　（3）他是事情的起因，对吕蒙的改变起至关重要的作用。

　　（4）他现身说法，既证明了学习是"大有所益"的，又体现了一个君主重视人才、善劝的形象。

　　吕蒙支持者的理由有：

　　（1）文中两个场景都有他，孙权只在开篇出现。

　　（2）他贯穿故事的开端、发展、高潮、结局，是主要人物。

　　（3）他用自己的例子证明学习使人进步，体现文章主旨。

大家举手表决，孙权票少，吕蒙票多。笔者说，还有很关键的一点没有人留意到，这篇文章选自《资治通鉴》，而《资治通鉴》是一部什么书？它被梁启超誉为"皇帝教科书"。按宋神宗的话说，它存在的目的是"鉴于往事，有资于治道"。所以，它的受众主要是统治阶级。所以答案呼之欲出了，主角应该是——孙权。《资治通鉴》借助《孙权劝学》给统治者以借鉴的经验就是：要重视自己的学习，更要重视人才的培养，提升人才的综合素质尤其是文化素质。至此，主角之争完美落下帷幕。

同样的"谁是主人公"这个问题，笔者在教学《我的叔叔于勒》时也采用了。教学文天祥《南安军》时，笔者问："你认为哪句诗最能体现诗人的爱国情怀？"教学鲁迅《故乡》时，笔者问："碗碟到底是谁拿的？"问题是教学的逻辑起点。提出问题等于是在给学生设置学习的"路障"，形成心理上的冲突感，使学生处于一种主动、活跃的能动状态。"谁是主角"本不是《孙权劝学》这篇课文需要重点解决的问题，但它在学生的心理上造成了某种悬念，从而引起了他们的注意，促使他们去探究、深思、发现和解决问题，由此形成了有价值的课堂冲突，激发了学生浓厚的求知欲望，从侧面达成了课堂目标。一个问题贯穿始终，使得独立的教学板块有了共同目标，凸显了课堂教学的整体性。

学习是一种基于学生已有经验和知识的建构过程。如果我们在课堂中只是灌输知识的话，学生得到的是一种表面的、零碎的、不真实的理解。提问是打破灌输的开始。有教育家说，把陈述句改为疑问句往往就意味着思考的开始。德克森在《认知设计：提升学习体验的艺术》一书中把疑问形象地描述为思维的"摩擦力"。如果信息平滑顺畅地灌入学习者的脑中，是无法引发学习者的思考的。所谓学得快，忘得快，就是这个道理。而产生疑问就像摩擦力，学生在互动的状态中才有停顿、细化和思考。

那么，如何巧设核心问题呢？①抓关键词句提问，在品读中把握主旨。可以从"文眼"入手，启发学生紧扣文本中心围绕关键词句展开品读与思考。②设置矛盾式提问，在探究中进行思考。可以从课文的矛盾冲突处寻找突破口来设置核心问题。③强化比较式提问，在对比中总结异同。可以将同一文本内的内容进行比较，也可进行不同文本之间的比较阅读。④层层递进式提问，在深入中突破难点。可以由浅入深，采用有层次、有梯度地设置问题的方式。

总之，一堂课就是一篇文章。一堂好课一定是立意高远、结构清晰、语言

优美的。它的开篇吸引读者，激发阅读欲望；中间内容充实，过渡自然；结尾
铿锵有力，意味深长。核心问题就是这篇文章的线索，它能体现各种材料之间
的内在联系，突出文章的主题思想，使文章浑然一体。合理设置核心问题可以
彰显教材的核心教学价值，使各教学板块衔接自然，教学活动流畅高效，最终
使学生学有所得。

参考文献

［1］杨敬俊.课堂提问：让师生碰撞出绚烂的心灵火花［J］.现代语文（教
　　学研究版），2010（2）：105-106.

［2］陈莎莎.巧设核心问题让语文课堂纲举目张［J］.新教师，2018
　　（8）：57-58.

［3］丁学松.利用生成语境下的课堂冲突提升学生思维能力的路径探析
　　［J］.新课程研究，2019（18）：18-20.

同屏技术及其在初中生物实验教学中的应用

当今世界，科技进步日新月异，互联网、云计算、大数据等现代信息技术深刻改变着人类的思维、生产、生活、学习、交往方式。数字时代，通过互联网，师生可以获得无穷多的信息，如何让师生合理运用相关技术手段，准确高效地获得自己所需信息？基于技术的创新是"互联网+"的特点，通过运用无线同屏技术构建课堂互动教学系统，可以较方便地实现信息技术与初中生物教学的深度融合，体现无边界的以生为本的互联网教学思维，既能减负增效，又有利于发展学生的生物学科核心素养。

一、同屏技术

同屏又称为投屏、屏幕共享、多屏互动。具体来说，是通过某种技术方法将移动设备A（如手机、平板）的画面实时地显示在另一个设备B（如电脑、电视机）上，输出的内容包括相册、视频、音频等各类多媒体信息，也包括在设备A上的实时操作画面。同理，设备B的内容也可以显示在设备A上。

1. 同屏技术的分类

根据连接方式的不同，同屏技术可以分为硬件连接同屏和无线连接同屏。

硬件连接同屏是指利用数据线（常见的有VGA接口连接线和HDMI接口连接线）将移动设备的画面投屏在电脑上，这种方式无须网络支持，且一般不用安装软件。大多数智能设备不支持此类接口，使用时还需要搭配接口转换器，不是很方便。

无线连接同屏是指移动设备利用无线网络技术，通过内置的"同屏模块"将本地画面发送到另一个设备上。无线连接同屏技术需要网络支持。

2. 同屏技术的优点

（1）成本低

一个无线同屏器一般需要100～300元，而App却不需要任何费用。

（2）技术要求低

在无线同屏器、手机上不需要安装任何软件，不需要使用教室计算机，不需要外装网络，而只需要连接无线同屏器自带的Wi-Fi和教室中的投影仪即可。

（3）支持主流移动终端

多种主流移动终端都可以使用，如安卓、iOS等系统。

（4）同屏效果好

同屏的效果较好，无延迟现象，支持视频、音频等资源的传输。

同屏技术具有实时传输屏幕镜像、音视频数据等功能，可以应用于课堂教学中。在教室或者会场搭建同屏技术所需的无线网络环境，当成功连接后，将移动设备与教室或者会场的多媒体系统融合起来，构成一套新型的移动授课平台，移动设备的屏幕就可以发挥各种功能了。

3. 同屏技术可以在课堂中发挥的功能

（1）作为扩展屏幕

扩展屏幕是同屏技术最基础的功能，它可以让讲授者不局限于教室多媒体系统的演示画面，还可以增加移动、平板，甚至另一台电脑作为扩展屏幕，丰富演示的来源和形式。例如，教师需要演示移动设备里的文档、照片、视频等内容，就不再需要物理拷贝了，通过同屏技术就可以直接展示。

（2）作为电子白板

现有的教室多媒体系统，如投影仪、LED显示屏、液晶电视，大多不支持触屏操作，而手机、平板等设备的屏幕是高清多点触控屏，通过同屏技术，可以将移动设备设置成为功能强大的手持电子白板。教师在移动设备上自由书写、绘画，就类似于将大屏幕当作电子白板了，而且，这块电子白板还可以自由携带，如希沃授课助手就支持电子白板的功能。

（3）作为视频展台

现在，很多教室的多媒体教学系统都支持视频展台的功能，尤其是在实验课上，视频展台在教学中的应用非常广泛，能给学生带来更为直观生动的感受。智能手机的使用则方便得多，依托同屏技术，智能手机摄像头可以融入教室多媒体系统，成为可移动的视频展台。智能手机的摄像头像素普遍达到千万以上，清晰度比较高，而且，在App的支持下，还可以实现3D、全景、补光、特效、转换摄像头等优化拍摄功能。

（4）作为无线遥控

传输鼠标和键盘信号，把智能设备当作一根无线教鞭，能够远程控制教室的电脑和大屏幕，如希沃授课助手中就有远程播放电脑上的PPT、鼠标控制左键和右键的功能。这样一来，智能手机既是一个无线鼠标，又是一个翻页器。

二、将同屏技术应用于生物实验课堂教学

1. 能提高演示实验的可视性

教师在演示实验时使用同屏设备，可以实现屏幕镜像，即可把手机拍摄到的实验操作过程以及实验现象及时呈现给学生，从而让全体学生清楚地看到教师直播的实验步骤。有些实验材料较小，演示的时候，坐在后面的学生看不清楚，运用同屏技术可以改善效果。当学生对实验现象有了感性认识后，就很容易提升学习兴趣及学习积极性。

另外，从学生自主实验效果上看，尽管教师讲解了实验步骤，但总有部分学生既不认真听讲，又不愿意看教材及实验活动手册上的步骤描述，必然在操作时出错。对此，教师可在实验前同屏播放实验的视频，以便学生在做实验时能随时看到正确的实验操作。

例如，在"观察洋葱内表皮细胞""观察人的口腔上皮细胞"等实验中，教师可以在学生实验之前进行关键步骤的演示，并通过同屏技术呈现到投影屏幕上。在"观察洋葱内表皮细胞"的实验中，学生是第一次制作临时装片，盖盖玻片的操作过程容易出现差错，从而导致制作的临时装片中出现气泡，影响观察。此时，教师可以通过同屏技术演示如何盖盖玻片，有了直观认识之后，学生自己实验的过程才能更加顺利地进行。

2. 高速、便捷分享学生实验设计方案

在生物课堂中，往往要求学生设计实验方案并交流分享，在分享时学生需将设计方案拿至实物投影仪处再分享说明，整个过程耗时费力。利用无线同屏技术，将手机移动终端的界面切换至"相机"，简单一拍，学生的设计方案立即呈现在投影大屏幕上，学生即可开始分享交流。而在学生分享了不同的

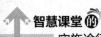
实验方案后，还可以通过查看前后照片，让学生比较分析，更有助于深入地交流讨论。

另外，在真实课堂教学中，学生设计实验之后，教师没办法在课堂上对各个小组的设计方案进行点评和提出建议。此时，如果运用同屏技术，对个别设计得较好和较差的小组的方案进行展示，可以让全班学生对上述方案进行点评，各抒己见，提出改进的建议。这样一来，这些建议对其他没有展示的小组也是有益的，他们可以根据这个例子来进一步完善自己小组的方案，避免易错点，增强可行性。

3. 展示学生实验结果，促进课堂互动

当把无线同屏技术应用于课堂之后，每个学生或每个小组都可以在自己的座位上进行实验，在完成活动的过程中，教师可以拍下学生的实验现象或者活动成果，对应小组的学生可以到讲台上对着屏幕展示自己小组的成果，实现互动和交流。

例如，在"观察种子的结构"这一实验中，教师要求学生小组对菜豆种子和玉米种子的各个结构进行解剖并展示。在这个实验中，教师巡视学生小组实验的过程可以将个别小组的解剖结果用手机拍下来，再让该小组学生到讲台上，对着大屏幕，展示他们小组的实验结果。这样一来，原本较小的胚芽、胚轴、胚根的结构，可以通过手机放大照片，进而在大屏幕上呈现出放大的效果，其他学生一目了然，可以清晰识别结构，进行交流和探讨。

另外，学生实验时，教师可随时查看学生的操作并把错误操作拍下来，及时展示，让学生知道哪些行为是错误操作，哪些步骤应引起足够的重视。

三、总结

利用同屏技术将手机拍摄的画面实时同步显示在教室大屏幕上，可以用于案例分析、作品展示，有助于教师当场分析，进行有针对性的讲解，还能实现局部放大、保存图片和视频的功能，提高教学效率。无线同屏技术硬件设备投入较小，可在学校内铺开使用。将同屏技术应用于初中生物实验教学中，能提高演示实验的可视性，高速、便捷地分享学生实验设计方案，展示学生实验结果，促进课堂互动。该技术的合理使用有效提高了课堂效率，帮助教师在既定时间内较好地完成教学任务，达到教学目标；同时促进了师生、生生之间的交流，利于及时反馈；大大激发了学生的学习兴趣，提高了学生的学习主动性。然而，该技术应用于初中生物实验教学还有待开展更多的实践研究，为建设智慧学校、发展智慧教育进一步做出贡献。

参考文献

［1］倪俊杰.投屏技术及其教学应用［J］.中国信息技术教育，2017（9）：50–53.

［2］丁丽飞.无线同屏技术在初中科学课堂中的应用［J］.实验教学与仪器，2018，35（9）：45–46.

［3］陈颖，韩叙虹.运用无线同屏技术构建物理探究课堂［J］.物理教师，2017，38（7）：72–73，77.

信息技术助力智慧课堂中英语教学
重难点突破的策略研究及思考

近年来，计算机的飞速发展使得信息技术在教学中被广泛运用，并且成为当代教学课堂中不可或缺的重要手段之一。互联网强大的互通及共享能力促使学校和教师对课堂进行思考、对教学模式进行改革及优化。建立在"互联网+"体系下的课堂教学是更高效率的、更个性化的、管理更精确化的，信息技术则为教育资源的优化配置提供了强有力的后盾和保障。

智慧课堂除了从与"智慧"相对应的"知识课堂"来定义外，还能从信息化视角定义。一是基于物联网的"智能化"的感知特点，二是强调电子书包"移动化"的智能终端应用。而信息技术助力学校课堂教学主要体现为对符合学生学习的"个性化"特点的云计算和网络技术的运用。

多媒体信息技术对英语课堂教学有着十分重要的意义。除了能够激发学生的学习兴趣外，同时也能帮助教师在英语课堂中突破对重难点的设计。不同于传统的黑板板书以及集体备课，互联网为同一主题的同一课时和教学设计思路以及重难点剖析提供了来自全国的许多不同解读。从教师角度出发，首先，教师能够独立并且高效地通过网络上的全国英语优质课视频来改良自己的教学思路和活动设计；其次，教师能开设属于自己的课堂，通过互联网等技术将自己对教学的思考和设计上传，供远在千里之外的教师、学生用作教学资源；最后，教师可以利用网络下载视频、音频等教学辅助资源，从而达到丰富课堂的效果。从学生角度出发，首先，因为技术的支持，许多线上网络教学平台给学生提供了多途径自主练习的渠道，如我校正在使用的中考训练E听说，便是利用课后的时间营造英语学习的环境并增强学生的自主学习能力；其次，通过在网络平台上布置作业，可以让学生进行课前预习，将课堂上的知识接收环节转变为课前线上自学、提问互助探索，再通过课堂上教师的引导促进单元知识的内化，引导学生的自主学习、合作学习和探究学习，每一章节的课程内容都能结合线上线下"三段三阶"的模式双管齐下，学生也能及时进行查漏补缺，反复巩固知识点。

目前在初中阶段的日常英语教学中，"互联网+"背景下的信息技术教学应用主要体现为以教师为主导的利用网络资源（视频、音频）结合幻灯片动画授课。教师课前在网上进行有助于开展教学的资源搜寻，常见的有与主题相关的视频，创设情境，开展情境教学。课后的作业也多是通过学生的书面作业完成，在学生层面上通过互联网教学平台进行学习的能力并没有得到充分的培养和塑造。当然，在一些技术设备配备齐全的学校，能够利用电脑和平板系统进行实地操作教学，让学生更直观地感受信息技术所带来的学习便利和互动通信。

例如，在上海牛津7AUnit 6 *Visiting Shanghai*阅读第一课时的设计中，课前，笔者先是在网上浏览了使用同种教材的名师的优质课视频，并下载了一则展示上海的风光的视频以便课上展示。课中，将课文的重难点用思维导图和表格的方式展示出来帮助学生理解文章的脉络。在最后的读后环节中，利用深圳地标的图片，让学生们直观感受身边的环境，以便顺利进行接下来的知识输出活动。

由此可以看出，互联网的出现打破了地理上的局限，能够最大限度地、声情并茂地开展情境教学，不仅减少了实地开展教学的开支，还让抽象的概念可视化。但是，从笔者的教学实例来看，并没有充分利用大数据时代下的信息技术来帮助学生在英语课堂上突破重难点。虽然利用幻灯片的形式将需要重点掌握的单元知识呈现了出来，让学生一目了然，但是因为学生个体的差异性和已有知识储备的不同，学生在课堂上消化的程度（因为时间的限制）是没有办法精确掌控的。所以基于互联网的线上交互式平台显得非常有必要。

笔者认为，在上此课之前，可以利用线上平台先检查学生是否能顺利朗读课文。同时可以让学生在网络上自行搜索上海的著名旅游景点，并将其分享在网络平台上。这样不仅可以提高学生在朗读前的兴趣，还能够让学生之间相互分享，拓展知识面。关于思维导图部分，可以利用平台让学生上传自己对文章

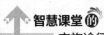

脉络的理解所绘制的思维导图中的关键词的统计，在课堂上展示出最高频使用的关键词，构建框架供学生复述课文。

英语是走向国际化必不可少的一个工具。但是，中国学生面临的最大问题就是对待笔试部分很认真，反而忽视了口语的重要性。所以"哑巴英语"依旧是英语教学需要攻克的难关。但是口语往往又是教师非常难以逐个检查过关的一个部分，不仅因为课堂时间有限，还因为语言能力往往建立在知识点掌握下的逻辑思维能力上。并且，每个学生在口语上的丢分点即知识模块掌握情况不同，仅仅通过课上十几分钟的抽查很难系统地对学生整体进行个性化教学。这个时候就非常需要基于智能云计算的应用平台的协助。而E听说应运而生，不仅能够实现在网络上布置作业，还能够对学生做的每一套模拟题进行有效评分。教师可以根据机改分数全面了解每一位学生在每个听力训练项目上的得分情况，并且能够进行播放回听得出总结，对得分率低的学生进行分组教学，并针对模块进行专项练习和知识点的巩固。发生在笔者身上的一个例子，班上学生总体英语水平较高，但通过E听说，笔者能够确切地掌握在口语方面比较薄弱的学生情况，尤其是在情景问答（考查知识点为特殊疑问句和一般疑问句）方面，从而在复习阶段会有倾向性地让这部分知识点不牢固的学生回答问题。类似于E听说的基于云计算的智能网络平台，不仅让学生有置身于中考的紧张感，帮助他们提前适应考试环境，也极大地节省了教师核查作业的时间，让教师对知识点的掌握情况一目了然，为教师制订合理的和有针对性的复习计划提供了有力的数据支持。

近年来，和E听说一样，助力教师突破英语教学重难点的信息技术还有智学网——通过大数据分析充分挖掘校园考试价值。通过基于云服务的PC及移动终端综合方案，从全国使用同种教材的同个知识点考查的得分率来分析易错题，使教师在出阶段性测试题时能够有针对性。对英语教师而言，智学网在帮助突破重难点问题上更多的是对考情的分析。智学网不仅能够提供全年级的优秀率和及格率，更重要的是让教师在课堂上评讲试卷能够有的放矢，在有限的时间内，根据正确率选择性地重点讲解，提高了课堂的效率。对于学生而言，智学网通过学生学习大数据分析，实现个性化。基于知识图谱的学习诊断，不但可以帮助学生挖掘错题根源，还可以推送相匹配的微课讲解和难度适中的习题资源让学生有针对性地学习，帮助学生及其家长分析每次考试的波动情况，利于判断薄弱环节,为后期的强化学习提供数据支持。

在英语学科中,配套智学网完善自己的课堂是非常可靠的。第一,智学网帮助教师直观地看到错误率最高的题目和题型。例如,在刚过去的期中考试中,笔者就利用智学网分析得出的得分率来进行试卷的讲评,不仅将全班共性的疑难解决,还利用多出来的课堂时间将错题涉及的知识点系统地回顾了一遍。第二,尤其是在设计语法课时,能够从智学网题库里面看到易错的题目,在自己的语法课堂有意识地利用这个易错句型进行思路和做题技巧方面的讲解。

总体而言,基于大数据的网络交互式学习平台和基于智能云计算的智能终端为学校和各学科教师开展智慧课堂提供了有效的途径,并且能够进一步做到"以人为本、因材施教"。但是这一系列的智能信息技术需要有强有力的后盾支持,不仅需要学校对设备的经济支持,还需要任课教师对新技术理念的思想支持。同时这一类信息技术还存在着不足,如成绩分析时,并没有考虑到学生的智力等其他综合情况。所以说基于互联网的智慧课堂教学不能完全取代传统的学校课堂教育,而是要秉持严谨求实的治学态度,线上线下相互融合,改善学习效果、提高学习效率。

📖 参考文献

[1] 宦成林,余华平."互联网+"时代的课程教学变革 [J].内蒙古师范大学学报(教育科学版),2016(4):71-73.

[2] 陈治亮.信息技术下的智慧课堂 [J].都市家教(下半月),2017(11):55.

[3] 钟秉林.大力推进互联网教学 [J].中国政协,2016(6):19.

基于信息技术课堂观察促进教学行为的课例分析

——以《串联与并联》为例

随着信息技术的高速发展，我们正处在一个信息爆炸的时代，同时也是一个充满大数据的时代。所谓大数据是指无法在一定时间用常规软件进行捕捉、管理和处理的数据集合，是需要新处理模式才能具有更强的决策力、洞察发现力和流程优化能力的海量、高增长率和多样化的信息资产。通俗来说就是巨量资料的汇集。但能够处理与应用的大数据还是较为少量的，而在课堂中师生的教与学之间同样构成大数据。

在现阶段，信息技术已经成了教师教学的常用工具，但在对教师的课堂进行评价和分析时发现，将信息技术应用于课堂教学行为的大数据处理还是较为少见的。为了更好地挖掘教师课堂行为大数据下的问题，促进教师教学的行为，本文通过"靠谱COP"项目团队对九年级物理《串联与并联》进行课堂观察，通过不同的分析方法进行深入的分析和反思，给教师的教学提供一定的帮助。

课堂观察是指研究者带着明确的目的，凭借自己感官及有关辅助工具（观察量表、录音录像设备等），直接或间接地从课堂情境中收集资料，并依据资料做相应的分析、研究。课堂观察是教师获得实践知识的重要来源，也是教师收集学生资料、分析教学方法的有效性、了解教学与学习行为的基本途径。本文将通过编码体系分析方法和记号体系分析方法对《串联与并联》这节课堂中的教学行为与教学结构进行分析。

一、编码体系分析方法下的课堂行为

编码体系S-T分析方法是一种能够直观表现教学模式的教学观察与分析的方法。该方法的基本思想是：通过对教学过程中教师行为（称为T行为）和学生行为（称为S行为）进行采样与编码，描述课堂的基本结构与实时发生的事件来分析课堂教学的质量与特征。

通过对采集到的S-T行为按30秒的间隔进行描点绘制曲线图，从图6-8-1中可以看到：本节课中学生行为（S）有三段明显的直线，表明这三段时间为学生活动时间；学生活动过后对应出现三段锯齿形的曲线，这表明在学生活动过后，是学生和教师之间的互动、提问与回答的过程。而本节课是初中物理电学实验课程之一，教师在进行教学的过程中，主要以学生实验为主，在引入时，让学生设计并连接电路，引起学生的学习兴趣；在突破本节课的教学重难点，即串、并联电路的特点和串、并联的连接方式，开关的位置对电路控制作用的影响，电路中不同用电器之间能够相互影响这三个环节中让学生动手实验，培养学生的动手能力和思维能力。可见，本节课中学生环节落实到位，有效提高了学生的物理实验能力。

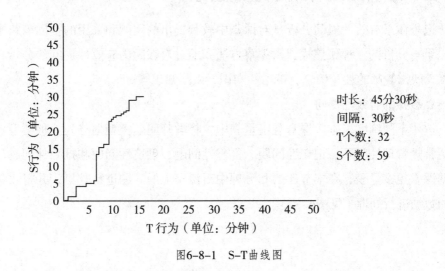

图6-8-1　S-T曲线图

而在图6-8-2中，将课堂中教师行为、学生行为在本节课中所占比重进行绘制，将教师行为（T）、学生行为（S）对课堂行为的占比进行分析总结，本

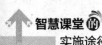
堂课中学生行为占有率高于教师行为，但教师在对学生实验过程和结论总结中有较多的语言引导、问题引导。因此，从总体上讲，本节课的教学模式更趋向于混合型教学。

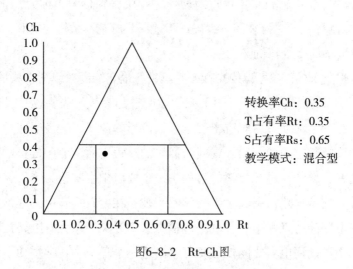

图6-8-2　Rt-Ch图

二、记号体系分析方法下的课堂行为

记号体系有效性提问分析是对课堂中教师提出的问题和采用的提问策略进行记录与分析的一种聚焦式课堂观察方法。通过对教师的有效性提问的分析，可以反映出教师的教育信念、策略性知识、人际知识等。

1. 教师的有效性提问

按照不同维度，本次课堂观察量表中，将教师问题类型划分为五种类型，包括常规管理性问题、记忆性问题、推理性问题、创造性问题和批判性问题，根据课堂观察量表，在本节课的45分钟中对课堂上的问题进行收集，并将收集到的数据进行处理（见图6-8-3）。

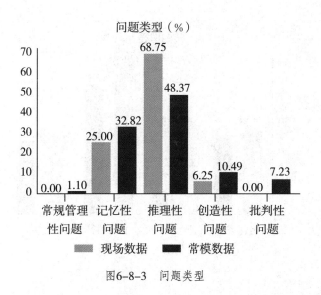

图6-8-3 问题类型

可以看出在本节课中，和大量理科课程的特点保持一致，推理性问题所占比例较大，且高于常模数据。"串联与并联"一课中，通过对实验现象的分析，得出相应的实验结论，因此，本堂课中推理性问题较多。而创造性问题、批判性问题等以学生为中心的问题类型占比则低于常模数据，是本节课中需要重点加强的部分。其中，创造性问题可以提出：如何设计让两盏灯泡同时亮的电路？批判性问题可以提出：这一种设计是否存在问题？提出相应的问题和解决方案。

课堂观察量表中，将学生的回答方式划分为集体齐答、讨论后汇报、个别回答和自由答四大类型。通过对学生回答方式和对应学生回答类型的数据（见图6-8-4、图6-8-5）的分析对比可知，本节课中学生的回答方式较为合适，但本节课中学生讨论后回答的方式占比为0，缺少学生讨论环节，教师可以在学生实验后设置相应的讨论环节，让学生对对应的实验现象进行讨论并总结，得出结论，从而提高学生的交流和总结能力。

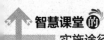
学生回答方式（%）

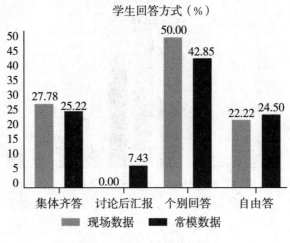

图6-8-4　学生回答方式

学生回答类型（%）

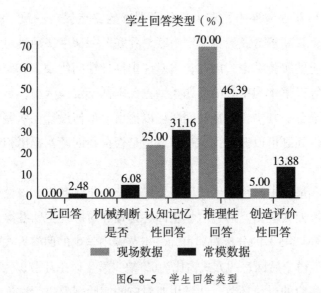

图6-8-5　学生回答类型

2. 教师回应学生回答

　　记号体系教师应答方式的分析是对课堂中学生回答问题之后教师采取的回应方式进行记录与分析的一种聚焦式课堂观察方法，可以反映出教师的情境性知识、策略性知识和人际知识。

　　据相关资料显示，教师的应答方式和教师的教育信念、策略性知识和情境性知识息息相关。越是信奉以学生为中心的教育信念的教师，在课堂中越会自觉地依据课堂情境运用更多的提问策略，以实施因材施教的教学目标。同时，为了更好地关注学生课堂参与的整体性和对学生个体进行有的放矢的教学，教师应当注重提高策略性知识和情境性知识水平（见图6-8-6、图6-8-7）。

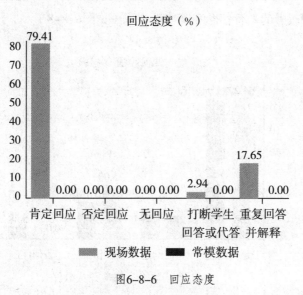

图6-8-6 回应态度

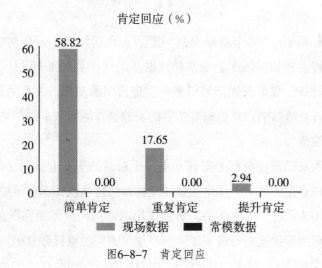

图6-8-7 肯定回应

　　根据数据分析可知，在本节课中，教师对学生的行为进行简单肯定和肯定回应所占比重较大，对于学生的回答进行提升肯定所占的比例较低。教师对学生的回答和知识的引导大部分还停留在浅层知识中，可以适当通过提升肯定让学生对知识进行深入的学习。

3. 四何问题分析

记号体系四何问题分析是对课堂中教师所提问题的类型进行记录与分析的一种聚焦式课堂观察方法。通过四何问题的分析可以反映出教师的问题设计能力，主要体现教师的教育信念和策略性知识（见图6-8-8）。

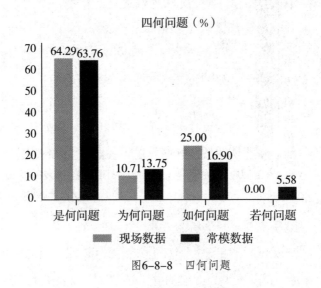

图6-8-8　四何问题

如图6-8-8所示，本节课中是何问题所占比例较大，符合初中阶段记忆性知识较多的特点；如何问题高于常模数据，也符合本堂课中设计串、并联电路的实验操作过程。如何问题能够引导学生进行实验操作，并且通过实验现象对实验结论进行总结归纳，从而提高学生的实验操作能力和总结归纳能力。

4. 对话深度

记号体系对话深度分析是对课堂中师生对话的深度进行记录与分析的一种聚焦式课堂观察方法。对话深度主要体现教师的情境性知识和策略性知识。

由图6-8-9可知，本堂课中的教师使用的对话深度停留在深度一和深度二层面，对于对话深度还需要进一步学习与加深，同时重视课堂语言的设计。

对话深度（%）

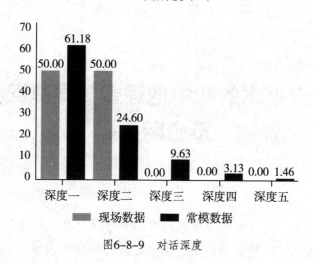

图6-8-9　对话深度

三、结语

通过信息技术的使用，教师能够转变现有教学模式，增加教学内容和教学工具的多样性。同时，通过信息技术对教师教学课堂的大数据进行进一步分析和研究，能够帮助教师直观地分析课堂的教学行为和学生行为，更好地对课堂的有效性和合理性进行评价。

针对课堂大数据分析中暴露的课堂问题，教师应当进一步进行有针对性的学习，以课堂观察大数据的分析为工具和手段，改进课堂教学行为，提高教学能力。

参考文献

［1］周剑.基于大数据分析探索高效课堂深度教学［J］.湖南中学物理，2019（3）：50-52.

［2］薛新国，杨延环.信息技术支持的初中语文课堂观察［J］.教育导刊，2019（1）：69-73.

［3］魏宁.信息技术支持的教学分析方法——S-T篇［J］.信息技术教育，2006（1）：55-57.

［4］陈瑶.课堂观察指导［M］.北京：北京教育科学出版社，2002.

［5］王陆，李瑶.课堂教学行为大数据透视下的教学现象探析［J］.课程与教学，2017（4）：77-85.

基于AR技术的初中地理智慧课堂课程设计
及应用初探

《中共中央　国务院关于深化教育教学改革全面提高义务教育质量的意见》中提到强化课堂主阵地作用，切实提高课堂教学质量。一是优化教学方式，坚持教学相长，注重启发式、互动式、探究式教学，教师课前要指导学生做好预习，课上要讲清重点难点、知识体系，引导学生主动思考、积极提问、自主探究。融合运用传统与现代技术手段，重视情境教学；探索基于学科的课程综合化教学，开展研究性、项目化、合作式学习。二是促进信息技术与教育教学融合应用，推进"教育+互联网"发展，加快数字校园建设，积极探索基于互联网的教学。在这个大背景下，依循着力培养初中学生地理核心素养：人地协调观、综合思维、区域认知、地理实践力的方向，结合笔者所参与的工作室成果——"指点地理"App，实现现代技术与传统课堂、虚拟现实与合作探究的初中地理课程设计及应用初探。

一、当前AR技术与地理课程的融合

初中地理主要涵盖四个部分的知识：地球与地图、世界地理、中国地理、乡土地理。地理教师在教学的过程中会有疑问：如何把课堂外的大千世界带给学生？学生是一个个灵动而智慧的生命体，能不能让学生们足不出户了解到宇宙、世界、中国、家乡深圳？这个时候，增强现实技术AR的出现能让我们低成本享受到高品质的技术，助力教育。

二、以基于AR技术的初中地理《认识地球》智慧课堂设计为例

AR指增强显示技术，是一种将虚拟信息与真实世界巧妙融合的技术，广泛运用了多媒体、三维建模、实时跟踪及注册、智能交互、传感等多种技术手段，将计算机生成的文字、图像、三维模型、音乐、视频等虚拟信息模拟仿真后，应用到真实世界中，两种信息互为补充，从而实现对真实世界的"增强"。智慧课堂的定义目前众说纷纭，在这里笔者引用西安交通大学附属中学校长刘珺对智慧课堂的理解："基于动态学习数据分析和'云、网、端'的运用，实现教学决策数据化、评价反馈即时化、交流互动立体化、资源推送智能化，全面变革传统课堂教学结构，构建大数据时代的信息化课堂教学模式。"以下以湘教版《地理》七年级上册第二章第一节《认识地球》为例，谈谈基于AR技术的初中地理智慧课堂课程设计及应用探索。

（一）微课点拨导入新课，科学史触动学生探究科学的热情

上课伊始，以"同学们，今天我们用一种全新的方式学习地理"引起学生对这节课的兴趣。观看微课——人类探索地球的三个阶段，每一学说均停顿点拨。第一阶段主观猜测，我国"天圆如张盖，地方如棋局"的盖天说、"天之包地犹壳之裹黄"的浑天说以及印度的"龟背说"，公元前6世纪毕达哥拉斯率先提出地球是球体，公元前4世纪亚里士多德根据月相提出地球是球体的科学依据。第二阶段实践证实，1519—1522年葡萄牙人麦哲伦率领船队完成环球航行。第三阶段精确测量，地球像梨形。

"科学史的发展给你什么体会和感受？""不断在试错中改正错误；探索真理；在错误中前行，最终接近真理。"学生的回答体现了培养初中学生地理核心素养中的对人地关系的理解，体现了学习地理课的意义。

（二）问题为导向，教师智慧设问触动学生的综合思维和深度思维

让学生提问，"你想了解地球的哪些方面？"教师总结，围绕三个核心问题进行AR呈现、设问讲解和活动设计。

1. 地球有多大？

"请同学们思考一个问题，你在生活中如何描述一个物体的大小？""和另一个物体比较。""很好，有参照物。""周长、表面积、体积。""如果这个物体太大，体积呈现的数字太大，可以转变一个描述方式吗？""半

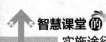

径。""很好。"对于地球大小的描述也是可以借鉴的。AR呈现地球，教师举例。"总体而言，地球是一个两极稍扁，赤道略鼓的不规则球体。周长约为4万千米，著名诗人、政治家、军事家、开国元勋毛泽东曾写过一首词，里面提道'坐地日行八万里，巡天遥看一千河'。意思是坐在赤道上，随地球自转，不知不觉中，一日就行了8万里路，这里8万里在数学上就等于4万千米。地球表面积约为5.1亿平方千米，约为53个中国的面积。地球是不规则球体，赤道半径长6378千米，极半径长6357千米。赤道半径比极半径长21千米。这也从真实测量数据中证实了地球的形状。两者的平均值就是地球的平均半径，6371千米，约等于720座珠峰的高度。"以日常生活中的例子引入地球的大小，提升学生的综合思维，用参照物的数据让学生理性认知地球的大小，最终回归知识点，记忆关键数据，完成导学案填空。

2. 地球这么大，我们身处其中，如何研究它呢？

"地球这么大，我们研究起来很不方便，应该怎么办呢？""将它缩小变成地球仪。""很好，我们可以将地球按一定的比例缩小，制作成同学们手中的地球仪，这样研究起来就方便多了！"带领学生认识一些重要的经线、纬线，经度、纬度。"地球围绕一根假想的轴运转，这根轴经过地心指向北极星，在地球表面有两个交点，一个是北极点，一个是南极点。""与地轴垂直，并环绕地球一周的圆圈叫纬线圈，其中最大的纬线圈是赤道，长约4万千米。最小的纬线圈是北极点和南极点，是一个点，自赤道向南北极点纬线圈越来越短。""大家有没有注意到一个细节？""每条纬线旁边都注明了度数。""这就是纬度。""纬度是用来区分每一条纬线的。在纬线上任意取一个点，与地心相连，与赤道平面形成一个夹角，这个夹角的度数就是纬度。赤道以北称北纬，赤道以南称南纬，纬度书写格式：＿＿°N（S）。"

对照纬线与纬度，让学生自学经线与经度，完成导学案。展示学生作品时，个别提问，呈现多组作品对比，生生互评，找到冲突点，教师做点拨。

对于东西经度的划分与东西半球的划分界限不一致的内容，教师通过层层设问，促使学生的思维向纵深发展。"①请同学们观察0°经线经过的地区有什么特点？②假设国际经度学会将东、西半球的分界线定在0°经线，有什么后果？③为了避免这种后果，你认为应该如何设置？"利用AR技术转动立体地球演示。"科学家们的想法和各位不谋而合，看来每位同学都有成为科学家的潜力！"此处设置推理性问题和创造性问题，提升学生的思维深度。

根据学习过的东西经度和东西半球的内容，让学生在课下准备的经线圈小纸条上用两种颜色的彩笔画出东、西半球的范围，检验学生的学习成果。

3. 地球上任意一点的位置可以确定吗？如何确定呢？

用教室的布局作为例子引入，贴近学生实际，更易理解。"假设我们教室的每一排同学代表纬线，每一列同学代表经线，如果我说，第三排第二列的同学请站起来，是不是就可以确定某一位同学的位置了？""同样的道理，我们将班级的网格线放在地球表面，在经线与纬线交织的经纬网中也可以确定一点的位置。""下面我们做一个小游戏，以四人小组为单位，完成对以下世界知名城市的导航定位。看哪个小组完成得又快又好，获得第一名的小组有奖品。"

通过小组竞赛，以地点的经纬度确定其在地球上的位置，实时性更强，着重培养学生实践力的地理核心素养。

（三）小课题、项目化、合作式学习，助力学习"地球的运动"

以四人小组为单位，一人根据新闻收集素材，一人制作成果，一人汇报，一人答辩。形成小课题、项目化、合作式学习，在学生的成果中引导学生理解地球自转和公转的地理意义。

（四）实验探索生活新知，AR演示促理解，多管齐下破难点

在讲解地球自转的地理意义时，采用地球仪、手电筒在灯光调暗的课室里演示地球的自转、晨昏线等知识，同时拓展"生活中有哪些证明地球自西向东自转的例子？"学生在认识到地球自转、地转偏向力等知识后，根据生活的观察，能说出：酒店大堂的钟挂着不同时间（地方时的差异）；水的漩涡、河堤高度、铁轨磨损程度、植物藤蔓绕转方向、台风旋转方向（北逆南顺、北半球地转偏向力向右）。在讲解地球公转的时候，展示AR地球公转示意图，教师可带领学生在宇宙空间看地球四个节气的太阳直射点变化，避免了2D平面的局限性，让学生形成初步的空间概念。随后，落实知识点，带领学生绘制地球公转示意图、直射点回归运动示意图，突破难点。

三、基于AR技术的初中地理智慧课堂其他课程设计及应用探究

在湘教版教材七年级上册的知识中，如等高线的相关知识，由于山体是一个大范围的、无法直接在生活中获取的经验知识，面对这种大范围的立体事

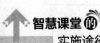
物，有必要将它可视化缩小，让学生在立体空间里体验一座山体的不同部位，如陡崖、山顶、鞍部、山谷、山脊等。还可以让学生感知等高面、等高线的制作过程，从等高线地形图上判断山体部位。

将立体山体转绘在地形图上，这是一个难点。首先可以利用AR技术展示给学生一张立体的地形图，内含高原、山地、丘陵、盆地、平原五种陆地基本地形，也有山脊、山谷、鞍部、山顶等山地的部位。然后动态演示绘制等高线、着色、对比三个步骤，让学生体会到分层设色地形图的制作过程。最后展示真实地形与分层设色地形图，对比一目了然。

四、结束语

对于什么是智慧课堂，目前还没有一个形成共识的定义。笔者认为，在新时代教改背景下，地理智慧课堂应当是以科技为辅助，以学生为主体，以问题为起点，以互动活动为依托，以提高学生学习力、实践力、和谐人地观、综合思维力为价值导向的课堂。智慧课堂的实现需要教师注重学生、了解学生、注重课堂、精心设问、拓宽眼界、丈量世界。而AR技术是一个实现智慧课堂的辅助工具，现实技术与初中地理的许多知识可以做深度融合，如板块运动、天气现象、世界气温与降水分布、海陆分布与气候、地形地势与气候，判断一个地区气候类型，中国的地形、气候、河流、四大地理区域的划分等。笔者认为自然地理方面许多原理性知识都可以通过AR技术辅助教学，让学生更易理解，在地理的知识海洋里乘风破浪，体验知识带来的乐趣。作为教学一线的地理教师，在不同的知识场景中选择适合的科技、深挖适合的问题、设计适合的活动显得尤为重要，这也是在教育信息化大背景下，教师作为教育的第一资源需要着墨的重点。将AR技术的初中地理智慧课堂设计及应用推向深入值得我们进一步研究和挖掘，最终实现AR技术的初中地理课程链条全覆盖是我们应该追求的目标。

调整评价策略　点燃智慧课堂

　　美国哈佛大学认知心理学教授霍华德·加德纳认为，智力的基本性质是多元的——不是一种能力，而是一组能力，其基本结构也是多元的——各种能力不是以整合的形式存在，而是以相对独立的形式存在。每个人都拥有相对独立的八种智力，它们在每个人身上以不同方式和不同程度进行组合，使每个人的智力各具特色，每个人都有自己的智能强项与弱项。这与新课改的要求有许多相似之处。历史课是初中阶段人文性非常强的课程。学科的核心是培养学生的公民意识，要以学生为本。以学生为本必然要承认学生之间的智能差异，因材施教。

　　如何在课堂中落实多元智能教学呢？

一、课程目标多元化

　　历史课程目标从知识与技能、过程与方法、情感态度和价值观三个维度做了具体要求。该目标最主要的两个特点是：①在知识与技能方面没有像以往一样着重强调知识的系统性，而是让学生掌握在义务教育阶段应该具备的一些现代公民必备的人文素养和社会生活技能；②对探究知识的过程与方法、学生的情感态度与价值观这些在以前教学大纲未涉及的方面给予了前所未有的关注。课程目标多元化是多元智能理论在课堂实施的基础。

二、学生学习方式多元化

　　教育部《基础教育课程改革纲要（试行）》提出了转变学生学习方式的任务，要求教师在教学过程中"注重培养学生的独立性和自主性，引导学生质疑、调查、探究，在实践中学习，促进学生在教师的指导下主动地、富有个性

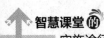

地学习"。

学习方式多元化具体体现在由以教师讲授为主转变为以学生探究为主。学生探究方式可以是课堂上小组合作,对教师设置的问题进行深入探究。

学生学习方式的转变还表现在教师教学方式的转变。教师授课内容要充分尊重学生的多元智能。在教学活动设计方面充分体现多元智能理论。

例如,在学习八年级下册第11课《为实现中国梦而努力奋斗》时,教师设计了一个活动:制作一则公益广告,目的是突出改革开放以来我国社会主义现代化建设取得的巨大成就,表现形式不限,可以是唱歌、跳舞、漫画、海报、情景剧、小品、相声、三句半、双簧等形式。

通过该活动,教师既能够了解学生是否了解我国改革开放后取得的经济成就,又让拥有不同智能的学生有了同样的表现机会。

三、学生评价多元化

学生评价多元化包括评价内容、评价主体、评价方式的多元化。

《基础教育课程改革纲要(试行)》第六部分"课程评价"中明确规定:"建立促进学生全面发展的评价体系。评价不仅要关注学生的学业成绩,而且要发现和发展学生各方面的潜能,了解学生发展中的需求,帮助学生认识自我,建立自信。发挥评价的教育功能,促进学生在原有水平上的发展。"

1. 多元的评价内容

传统学生评价只重视智力中的记忆力、语言表达能力和逻辑思维能力,使得拥有这些智力优势的学生在测验中占有优势。多元智能理论将智能的范围大大拓展,因此它对历史课的评价有很大的借鉴作用。历史严格来说是一门综合课程。它不仅有对历史学科知识与现代社会知识的综合,还有对基本方法和技能的综合;不仅有对历史发展过程和现实社会问题的综合,还有对分析、认识某个事件或现象的角度的综合。它是一门在课程目标、课程结构、课程内容及学习方法上都力求整合的课程。在课堂上,教师首先要为培养学生的多元智能设计合适的评价活动,然后再为评价活动设计相应的评价标准,当学生完成活动时,用标准来衡量学生完成任务的情况。

当然,在具体的活动设计中,我们设计的活动能够培养学生不止一种技能。例如,在学习人教版教材九级上册第6课《希腊罗马古典文化》时,教师设计了一个活动：小组交流古希腊罗马文化的特点。讨论完毕后，小组可以通过漫画（空间评价）、歌曲（音乐评价）、小品（身体运动、人际关系评价）、口头作文（语言评价）、哑剧（身体运动评价）、图表（空间评价）、诗歌（语言评价）、数学公式（逻辑数学评价）等擅长的技能来表达。

通过以上评价方式，教师能够了解学生能否从自己擅长的角度理解古希腊罗马文化的特殊之处。

2. 评价主体多元化

对学生本人来讲，多主体评价的本身就是一个学习和自我实现的过程。在传统的教师评价中，学生往往事先不知道评价的内容，由此产生了无力感甚至焦虑情绪，当评价结果出来后许多学生又会产生失败感。多主体评价让学生和社会各界参与到评价中来，学生在自我评价中可以通过在评价过程中自觉地对自己的学习过程和学习效果进行有针对性的反思，从而提高自己的内省智能。在合作学习中，小组自评、组员互评和小组间互评可以提高学生的合作学习效率。

多元主体评价能够使社会各界参与到评价中来，从而增强促进学生学习的力量。

3. 评价方式多元化

如何创造机会让学生进行主动学习呢？教师可以实施许多活动策略来激发学生的主动学习。

（1）表现

在学习过程中，教师在学习中间穿插一些表现性的活动来激发学生的真实性学习，如让学生进行演讲、辩论、讲故事、演小品、出板报、画简笔画、演一个历史剧等。学生通过这些表现能进行积极有效的学习。

（2）调查报告的撰写

撰写调查报告是让学生进行真实学习的最好策略，学生在调查中能够走进社会、走进生活，并采用定性、定量的方法进行结果分析。学生在调查中能掌握大量的收集信息的方法，同时也提高了解决实际问题的能力。例如，八年级下册第20课就可以用这种方法。

（3）小论文的撰写

小论文的撰写能反映学生对某一问题的深层次看法，学生在写论文过程中需要查阅大量相关资料，并对资料进行分析处理。

（4）学生制作的作品

学生亲手制作作品能反映学生的动手操作能力，而动手操作是遗忘率最低的学习方式。学生在动手过程中对获取知识的过程更加关注，对学习知识的方法进行探索。作品可以是文物、遗址仿制品，各种历史时期的服装、头饰、多媒体作品等。例如，在学习《文艺复兴》时，我们让学生用画笔仿画文艺复兴时期的著名绘画作品；在学习《香港澳门回归祖国》时，我们让学生进行"港澳回归纪念"明信片设计。

（5）图表

学生运用视觉形式来组织、分析和评价信息，如思维导图的制作、概念图的制作、网页的制作、T形图的制作。在一个单元学完或者一本书结束后让学生制作思维导图。

通过课程目标多元化、学生学习方式多元化、学生评价多元化可以建构一个立体的多角度学习方式，让学生的多元智能在课堂上得到充分发挥，学生们各自发挥自己的长处解决学习中的问题，既让不同智力水平的学生获得了成功感，也让教学更符合学生的身心发展规律，从而真正体现以学生为本的教育理念。

📖 参考文献

［1］艾伦·韦伯.有效的学生评价［M］.国家基础教育课程改革项目组，译.北京：中国轻工业出版社，2003.

［2］詹姆斯·贝兰卡，卡洛琳·查普曼，伊丽莎白·斯沃茨.多元智能与多元评价——运用评价促进学生发展［M］.夏慧贤，译.北京：中国轻工业出版社，2004.

［3］詹姆斯·波帕姆.促进教学的课堂评价［M］.国家基础教育课程改革项目组，译.北京：中国轻工业出版社，2003.

［4］大卫·A.威尔顿.美国中小学社会课教学策略［M］.吴玉军，译.北京：华夏出版社，2004.

［5］钟启泉，崔允漷，张华.为了中华民族的复兴，为了每位学生的发展——《基础教育课程改革纲要（试行）》解读［M］.上海：华东师范大学出版社，2001.

智慧课堂中的学生思维生长浅谈

—— 初中数学课堂促进学生思维生长问题之我见

　　关于智慧课堂应该怎样理解？每个人都会有自己的见解。怎样做才是智慧的课堂？每个人也都会有自己的方法和模式。最近几年关于智慧课堂的文章数不胜数，大家都在围绕智慧课堂发表自己的见解。拜读了各位同人的文章之后，笔者发现大家都在围绕如何改变教育模式，如何提高学生的课堂参与度，如何利用好现代科学技术手段来改进课堂展开探讨，希望能够使课堂更加智慧。这样做当然是好事，毕竟先进的教学工具和活跃的课堂氛围能够使课堂效果更好，但对智慧课堂的理解并不能仅仅停留于此，不能仅仅停留在这个层面。

　　先来谈一下"智慧"一词。所谓"智"是指聪明、聪颖，这里可能就是指学生先天的智力；所谓"慧"是指具备洞察事物的能力，这里可能指的是学生后天习得的能力。那么"智慧"又是什么意思呢？智慧是指人辨析判断和发明创造的能力。再回到智慧课堂吧，教育的目的是什么？根据六大核心素养的要求我们就是要培养智慧的人，那么我们对智慧课堂的研究就不能仅仅停留在如何利用先进的科学技术手段、以学生为主体、活跃课堂氛围、提高学生参与度上面。笔者觉得智慧课堂的本质是通过课堂教学使学生的慧有所增长，怎样才能使学生的慧有所增长呢？那就是要促进学生思维的生长，只有思维生长了，学生思考问题的深度、广度才会有提升，这样学生的智慧才会提高，我们才能培养出能辨析判断事物并具有发明创造能力的人。

　　那么核心问题来了，我们要怎么做才能更加有效地促进学生思维的生长呢？这里就是考验我们智慧的地方，要想做好这一点确实不易，作为学生思维生长的引路人就要多花费心思。笔者想最重要的莫过于抓住两个大的环节：一是备课环节，二是课堂过程。

备课。笔者认为这里最重要的有三个方面：一是了解学生学情，这里的了解学生学情不仅是知道这个班的学生哪些成绩好、哪些成绩差就行了，最重要的是了解学生之前已有的知识体系中有哪些是和本节课有关的，能为本节课提供哪些方面的学习准备，只有做好这个，才能知道这节新课哪些地方学生容易懂，哪些地方可能是学生比较难懂的。二是备课本，将课本中的知识和学生已有的知识联系起来，沿着学生已有的知识体系开始讲授新课，让学生的思维从已有的知识体系中慢慢地生长起来，有时候可以打乱课本知识顺序来授课。三是设置课堂问题，这个环节笔者认为是备课中最为重要的一个环节，当然也是被很多教师忽视掉的一个环节。为什么说它重要呢？我们可以想一下，学生的思维怎样才能生长？要靠思考尤其是深入思考来生长，那么在课堂上学生什么时候才会努力思考呢？那就是教师提出问题的时候，所以笔者认为这个环节是非常重要的。备课其实就是为这个环节服务的，了解好学生和课本之后我们就知道哪些地方学生会出现问题，会出现什么样的问题，我们应该怎样提出问题来引导学生、帮助学生去思考，从而促进学生思维的进一步生长。千万不能一节课自问自答，或者问一些无关紧要的问题，更或者问一些难的问题之后没有任何引导，这些做法都是不可取的。自问自答是完全不管不顾学生是否思考，这样的课堂学生完全被动地吸收知识，教师根本没有给学生思考的机会，这样何谈思维的生长。如果教师提出的问题都是浅层次的思考，那么这样的问题也是没有价值的，虽然学生看上去都能够回答问题，但是这样的问题依然没有促进学生思维的生长。如果教师提出的问题过难或者拐弯过大，全班只有个别或者没有学生能思考出来，那么这样的问题也是没有价值的，同样不能促进学生思维的生长。以上三种发问的方式是万万不可取的，否则，不仅不能促进学生思维的生长，还会弱化学生对学习的兴趣。课堂上教师提出问题是引导学生思考的，是促进学生思维生长的最有效的方式，所以一定要想好提出什么样的问题，如何提出来。

课堂。提到课堂很多人都会有这样的认识：课备好了，那么上课无非就是按照预设一步一步地将课讲完就可以了。如果你这样想，那就大错特错了。第一，每一节课都有它的独特性，同样是教授《认识二元一次方程》，当你面对不同班级的时候，学生在课堂上的表现是不一样的，面对同一个问题学生的反应也不一样，也就是说课堂上随机出现的问题是不一样的，面对学生的不同反应教师要随时转换调整方法，调整问题和发问的方式，不能刻板地按部就班地讲知识点，不能死板地提出预设的问题。第二，课堂上教师一定要把握好放与收，所谓"放"就是给学生提供思考的机会，作为学生学习的引导者一定要敢于去放，只有大胆地放，学生才能有机会思考，才能有机会促进思维的生长。放其实是很容易的事情，关键在于收，很多教师不敢去放的原因就是把握不好何时去收、如何去收这个问题。也许有的教师会认为放与收就是给学生提出问题，给出一定的思考时间，到时间了喊停，让学生总结一下就可以了。其实不然，放确实是给学生提出问题，让学生去思考，上面已经说了，合适的时间提出合适的问题本身就已经很难了，收其实更难。平时的课堂最常见的收是这样的："好，那么我们找一位同学来说一下他对这个问题的看法。"学生回答完之后如果回答对了，皆大欢喜，教师没有进一步提出问题，继续促进学生思维的生长，如果学生回答错了，那么教师就会简单地给出评判然后公布正确的答案。这样的放其实没放。还有一种放是这样的，学生回答错误之后，教师就开始引导，教师的引导是想办法朝着自己预想的方向去引导，这样的引导我们可以称为诱导，最终达成教师的教学目的，这样的放只能说放了一半。以上两种收的方式都没有完全达到放的目的，放就是让学生自由地思考，收也要有效地去收，力求更深层次地促进学生思维的生长。例如，如果学生把问题回答对了，那么教师可以借机追问更深层次的问题，从而促进学生进一步思考，促进思维深度生长。如果学生回答错误，那么教师也不宜急于求成将引导换成诱导，要从学生回答的错误答案中找到学生出错的原因，可以将问题再细化一点，分两步去问，慢慢地引导学生思考，从而达到促进学生思维生长的目的，千万不能为了收而收。

综合以上来看，所谓智慧的课堂，笔者觉得不仅仅体现在课堂的活跃度和参与度上，更不仅仅是课堂教学模式的革新，也远远不是对先进的科学技术手段的运用。更深层次的、更重要的应该是在课堂上教师用自己的智慧来促进学生思维的生长，最后形成学生自己的智慧，达到六大核心素养的要求，培养出有智慧的人。

参考文献

［1］裴光亚.教学的智慧［J］.中学数学教学参考，2008（4）：1-3.

［2］代友智.创设智慧课堂，提高数学素养——浅析初中数学教学的有效性［J］.数学周刊，2018（17）：88-89.

［3］李惠金.浅谈初中数学教师的教学智慧［J］.新课程，2011（7）.

［4］王园园.教之以"深"促学之"深"［J］.基础教育研究，2016（18）：41.

促进学生深度阅读的智慧策略

最近几年，我国中学对"互联网+智慧课堂"教学模式的应用不断关注和重视，对"互联网+智慧课堂"教学模式的实际应用提出了更高的要求，旨在有效地提高学生深度阅读水平、自主学习能力、独立思考能力和创新能力，从而革除传统教学模式所带来的教学课堂的枯燥性、学生学习的被动性等一系列的弊端。因此，关于"促进学生深度阅读的智慧策略"这一话题成了教育行业关注的焦点。为了实现初中语文教学水平的全面提升，教育者要充分发挥"互联网+智慧课堂"教学模式的应用优势，以保证教育事业能够朝着积极、稳定、健康、可持续的方向发展。

一、互联网时代中学生阅读教学产生的困境

1. 网络阅读的消极影响

网络阅读是一把"双刃剑"，在给中学生的阅读带来积极影响的同时，也给中学生的阅读带来了一系列负面、消极的影响。例如，网络化阅读有利于丰富中学生的阅读内容，但是由于网络知识缺乏一定的权威性、稳定性和系统性，且网络知识鱼龙混杂，有大量负面、消极的网络信息，又加上中学生缺乏最基本的辨别能力，很容易降低中学生的阅读质量。因此，初中语文教师要加强对学生网络阅读的正确指引，从而不断提升中学生辨别不良网络信息的能力。

2. 教师阅读教学不科学

由于部分初中语文教师并没有意识到网络阅读方式的出现对传统纸质阅读方式带来的冲击，在实际的阅读教学过程中，仍然在采用"填鸭式"传统教学模式，在讲解课文内容时，往往出现断章取义、角度单一的教学问题，这种单

一枯燥的教学模式很难满足现代阅读教学的需求，同时也不利于激发中学生的阅读兴趣，给中学生阅读想象力、阅读创造力的培养带来了不良的影响。由此可见，这种浅层次的阅读教学模式很难培养中学生的阅读能力。

3. 阅读方面存在心理问题

由于部分初中语文教师在实际的阅读教学过程中没有科学合理地指导中学生的阅读技能，导致中学生的阅读能力非常薄弱，从而造成中学生在阅读心理或者阅读情感方面存在很大的问题，最终大大降低了网络阅读的效果。因此，初中语文教师在实际的阅读教学中，要加强对中学生阅读心理和情感取向的正确引导，从而有效地、最大限度地提高中学生阅读的高雅性和情趣性。

二、互联网时代视域下中学生深度阅读教学策略

1. 提升互联网时代深度阅读教学新意识

目前，随着网络学习方式的应用和普及，许多中学生已经养成了网络阅读的习惯，初中语文教师要树立网络阅读教学的先进理念，通过充分利用"互联网+智慧课堂"教学模式，对中学的阅读教学工作进行科学合理的指导。首先，初中语文教师可以针对不同学生对知识学习的不同需求，通过深入研究网络知识，并在有效满足学生学习知识需求的基础上，科学合理地设计和构建系统、全面的知识体系，通过充分利用网络阅读的方式，不断培养和提高中学生的阅读技能，从而大大提升中学生深度阅读效果。其次，初中语文教师可以充分发挥网络科技的应用优势，针对中学生阅读教学的实际需求，建设与教学需求相匹配的阅读教学交流信息平台。与此同时，初中语文教师还要充分利用网络教学方式，通过有效地利用Kindle电子书阅读器和SURF实时监控工具，为促进中学生的深度阅读教学提供很好的辅助作用。

2. 科学指引互联网时代深度阅读

网络阅读作为现代化的阅读方式，凭借着内容丰富、高效快捷和开放互动等优势，深受广大中学生的青睐和喜爱。因此，初中语文教师在实际的阅读教学过程中可以通过构建和完善深度阅读策略体系，实现对先进化阅读平台的搭建，从而激发中学生的阅读兴趣。例如，初中语文教师可以充分利用网络阅读课、阅读知识论坛和慕课网课堂等方式，提高阅读教学的趣味性和生动性，从而不断丰富中学生的阅读方式和交流方式。但是，由于网络信息鱼龙混杂，有

很多不良信息和垃圾信息，给中学生的阅读带来了负面影响，因此，初中语文教师在进行阅读教学的过程中要重视对中学生鉴别不良信息能力的培养，通过加大对中学生道德法规的教育力度，最大限度地避免中学生受网络不良信息的危害。除此之外，初中语文教师还要加强对中学生网络阅读的科学引导，通过不断宣传网络深度阅读的重要意义，让中学生爱上网络深度阅读的方式。与此同时，初中语文教师还要引导与帮助中学生找寻深阅读和浅阅读的平衡点，将深阅读和浅阅读两者进行有效的融合，从而更好地培养中学生的阅读能力，极大地提高网络阅读的效率和效果。

3. 组建优质网络阅读信息资料库，解决中学生的阅读心理问题

要想提高中学生深度阅读教学的效率和效果，初中语文教师还要重视对网络阅读信息资料库的组建和优化，并科学合理地对中学生的阅读进行引导和教育。这样一方面有利于从根本上解决中学生的阅读心理问题，另一方面为有效地促进中学生阅读情感动机的正常发展起到了积极的促进作用，还能有效地培养中学生的语文核心素养。因此，初中语文教师要加强对网络阅读信息资料库的组建和优化，让处在迷茫中的中学生在信息资源导航的指导下，从推荐的精品网站中选出自己感兴趣的阅读资源。这样一来，不仅最大限度地提高了信息素质教育的水平，而且还有效地培养了中学生高效检索网络知识的能力，与此同时，有利于初中语文教师及时了解和掌握中学生网络阅读的心理情况。此外，初中语文教师还要加大对网络阅读的管理力度，通过规范网络阅读秩序，并充分利用网络的开放性和共享性功能，为有效培养中学生高雅的网络阅读习惯发挥重要作用。

三、结束语

综上所述，"互联网+智慧课堂"教学模式的应用是初中语文教学的一大创新，其教学效果和价值得到了初中语文教师的普遍认可。因此，为了最大限度地发挥"互联网+智慧课堂"教学模式的应用优势，提高中学生深度阅读水平，初中语文教师首先要提升互联网时代深度阅读教学新意识，其次要科学指引学生进行互联网时代深度阅读，最后还要组建优质网络阅读信息资料库，解决中学生的阅读心理问题。只有这样，才能有效提高中学语文的教学效率和效果。

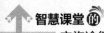
参考文献

[1] 莫莎莎.实施有效对话促进深度阅读——小学语文阅读教学中有效实施生本对话的策略探究 [J].新课程（小学），2019（8）：4.

[2] 吕青，石立.智慧课堂助力，提升学生阅读素养 [J].新教师，2019，88（4）：36–37.

[3] 黄晓娟，覃月桦.互联网时代中学生深度阅读的教学改革 [J].桂林师范高等专科学校学报，2018（4）：148–150.

[4] 陈爱君.浅谈智慧课堂软件在经典阅读活动中的使用策略 [J].作文成功之路（上），2017（4）：22–22.

[5] 潘艳荔.智慧课堂环境下初中语文名著阅读教学策略 [J].教育信息技术，2016（Z2）：24–27.

[6] 赵文万.点亮课堂教学的智慧之灯——"互联网+"时代阅读教学的智慧策略 [J].中学教学参考，2019（9）:70–71.

[7] 李孝燕.创新提问策略，促进深度阅读 [J].教学月刊小学版（综合），2019，516（4）：31–34.

智慧课堂中培养初中生语文思维能力的策略分析

初中语文是一门培养初中生语文核心素养的学科。就目前来看，初中语文教学还有很多可以提高的地方，对于初中生语文学科的思维能力的培养，可借助"互联网+"的智慧课堂大背景，从形象思维能力、抽象思维能力等方面出发，为初中语文教学质量的提升提供更有利的保证。

一、"互联网+"背景下语文课堂的形象思维能力提升策略

在初中语文教学中，形象思维能够让学生打开语文学习的大门，提升其形象思维能力，对于提升学生的语文核心素养起着重要的作用。

初中生的思维已从感性思维过渡到了理性思维，语文的知识容量和深度也在加大，而此时的教师也更应该意识到形象、色彩、动作等内容相互作用联系的形象思维会促进学生教与学的双向思考。所以，在初中语文教学中，教师在关注学生系统化、理性化思维和思维深度进步的同时，也不能放弃对初中生形象思维的维持、挖掘和再造，在语文教学中亦可借由直观的形象表现出来。

在"互联网+"背景的智慧课堂中，教师可以借用多重直观的网络教具创设多样性的教学情境。教师可以充分地利用电脑、数码设备等现代教具。例如，在讲解王维的《使至塞上》中"大漠孤烟直，长河落日圆"时，很多学生不理解该句为什么会成为千古名句为人所传颂，又为什么会营造出壮阔雄浑的美好景象。于是，笔者制作了Flash动画，通过动画的一步步演示，学生更清楚地看到了"大漠孤烟"实际上具有绘画般的线条和构图，制作出纵向的烟和横向的河以及圆的落日，似是抽象的文字，通过教师勾勒出景物的基本形态和景物不断变换运动的视觉效果配之以纷飞鲜明的色彩，学生很快就可以进入王维构建的苍茫大漠之中了。同样，在教授《中国石拱桥》一文时，若不呈现给学

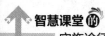

生真正的赵州桥和卢沟桥的实物图片，仅靠学生根据文字的想象再造，很难构思出准确的桥梁结构；但是如果直接呈现给学生实物图片，似乎又失去了对文字阅读应有的思考和品味。故笔者以"大拱的两肩上，各有两个小拱"为例，在授课过程中请学生们根据课文的描述画出他们头脑中的结构图，在集体展示的环节中，发现学生画的图形竟全然不同，有的把小拱画在了大拱上面，有的把小拱画在了大拱的两头，有的把拱画成了半圆形而不是弧形，这些都不符合赵州桥的真实构造。笔者将有代表性的构造图借助投影仪呈现给学生们时，他们最直观地感受到了思维的差异性和思考的偏差，此时再借由幻灯片的图片呈现出赵州桥的实物图，学生在亲自再造中提升了形象思维的能力。此外，教师还可以借助音乐、视频甚至是录制的小品剧等新型教具来启发学生的想象，提升教学效率，切实培养学生的形象思维能力。

具有语文形象思维后，不仅可以强化利用文字再造形象的能力，增强自身的想象力，带来思维的变通性和新异性，也有助于发散思维方式的养成。故培养与提升语文的形象思维，是语文教学内容始终需要重视的一大重要组成部分。

二、"互联网+"背景下语文课堂的抽象思维提升策略

初中阶段学生的思维是以抽象思维为主的。抽象思维能力是一种高级的智力因素，即以判断、推理、概念等形式进行的思维。初中生要想实现形象思维能力和抽象思维能力的同步提升，最重要的是挖掘其思维的潜能。笔者从以下几个方面试图进行提升其能力的尝试。

1. 学会观察

抽象思维能力强的人面对同一事物或问题最先看到的是本质。如何快速犀利地观察到问题的本质呢？这就需要语文的知识储备了，读书是很轻易学习到不同作者思维方式和眼中世界的方法之一。在语文课堂上，学生虽然无法读万卷书，但却能够吸收不同课文的主题，了解不同作者的思想情感，知人论世，再由背景深入到特定环境中观察、分析。

2. 发现共同规律

教师可以采用系统整合式的教学形式进行课堂教学，对同一类型或同一教学重点的几篇课文同时授课，打破传统课堂教学的限制，使学生在几篇课文的共同阅读中发现规律、学会提炼，这就实现了语文有机整合思维，使碎片化的

语文知识成为系统的知识体系。

3. 加以演绎变化

延续上述规律，学生需要进一步总结规律，将一篇课文、一个主题单元乃至整本语文教材，进行思维的整合。例如，教师可教会学生对其思维进行演绎变化的方法，以鼓励学生多完成思维导图。思维导图是一种聚焦某个中心话题，逐步向外发散不同思路的工具。在学生找到一个明确的中心，且以中心为基础向四周发散分支，并把这些分支概括为一个关键词时，学生即可建立起大脑中的记忆链接。在总结的过程中，学生既能化知识的被动吸收为主动思考，又能进行整合联想、变化演绎。教师亦可以与学生一起利用电脑软件进行思维导图制作，不仅可以随时修改内容，而且相比于纸张的页面局限，电脑软件的内容承载量更大、更加轻量化。

三、"互联网+"背景下语文表达能力与思维能力的同步提升策略

初中语文学科的表达能力与思维能力看似是两个不同维度的思考领域，但是实际上表达能力提升的核心需要思维能力的提高，辅之训练、分析、调整、再训练。笔者在教学实践中试图为学生能力的提升尝试新的方式。

在平时的语文课堂上，可设立固定的第一环节由一位学生就某一问题进行10分钟以内的演讲，每天轮流一位学生，一学期至少可实现三轮演讲。在学生准备的过程中，教师需提出明确的要求，以便学生自己借由互联网搜索，观看《开讲啦》《超级演说家》《一席》以及TED等高质量的国内外演讲类节目，以从优秀的演讲者身上学习适合自己的表达方式。

在初一和初二年级，教师可以提前告知学生演讲题目，演讲题目也可以先选择一些熟悉的话题，这样既能缓解学生的思维压力，也能让他们在准备中多做积累，形成自己头脑的储备知识库。在初三年级，教师可以选择不提前告知学生演讲话题，让学生开始尝试做即兴演讲。在学生课上正式进行演讲的过程中，教师可以通过手机等轻便易携带的电子设备为学生录制演讲视频，然后上传至班级公用的语文学习网盘。网盘作为新型互联网存储设备具有及时更新、方便分享、容量巨大、使用安全等优势。在快捷方便的同时达到了让学生重新观看的目的，学生以此重新认知自己错误的语言习惯，弄清自己在语文表达上

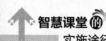

存在的问题，重新认真分析自己的演讲内容和思维方式，以矫正自己表达时的思维误区。通过再次观看自己的视频影像，学生可以更客观地审视自己的不足或优势，甚至注意到自己的表情变化。

语文的表达能力往往跟不上思维能力，所以中学生亟待解决的问题就是思维与表达的同步性。经过不断自我练习、真实演练、反思纠正这一环节的训练，学生会不断完善其不足之处，心理能力也将得到提升。在自己的心理压力可承受应激的课堂提问、课堂不定向演讲时，其思维也将正常运转，做到流畅、清晰、完整、严密，而不是无效叙述和混乱思考。

在此演讲过程中，依托于"互联网+"背景的便利，无论是学生自己运用互联网工具查询相关内容以积累知识，还是教师运用轻便的电子设备为学生随时录制专人特定视频，抑或线下班级对于网盘的使用、存储、记录、复习、分析，都可以对学生表达与思维能力的同步提升起到锦上添花的作用。

总而言之，随着"互联网+"概念的提出和应用，教师应借助更多元的教学互动，设置有效的教学活动，打造智慧课堂，为智慧教育课堂提供更多的可能性。在初中语文教学的整个过程中，教师需要充分重视学生思维能力的提升，如形象性思维能力的再造、抽象性思维能力的挖掘以及表达能力与思维能力的同步重视，而不只是传授知识。基于智慧课堂的教学模式还处于新兴领域，笔者将会尝试更多可行性策略并进一步实践、分析，打造真正的智慧课堂。

智慧课堂中信息技术的游戏化教学

近年来，信息技术有了长足的发展，推动着社会的进步与变革，深刻地影响着人们的生产与生活，信息教育的工作也因此受到社会大众的广泛关注，承担着建立学生信息技术观念以及提高学生信息技术水平的任务。

然而，信息技术课理论知识较多且枯燥，实际操作难度较大，加上尚未被列入中考项目，学生及家长的重视程度不够，种种原因使信息技术课边缘化，课堂教学更是流于形式。

随着教育方法和手段越来越趋于现代化，如何在有限的时间内，从传统教学模式中的以教师为主体转化为以学生为主体，充分激发学生学习信息技术的兴趣，将学生的被动应付式学习变为主动性的探索，让学生真正把信息技术作为工具运用到生活中是一个十分值得研究的课题。在智慧课堂的教学过程中，利用信息技术将课堂的教学情况进行及时的反馈，可以帮助教师更好地掌握学生的兴趣点。在诸多教学法中，游戏化教学提供了一条可行的教学方式以达到激发学生学习兴趣的目的，而将两者相结合可以实现1+1>2的效果，达到教育效果的最优化。

一、初识智慧课堂

智慧课堂是近几年来教育界都在探究的一个话题，是以"互联网+教育"的思维方式和大数据、云计算等信息技术打造的智能、高效的课堂。它将传统的以教师讲解为主的教学模式转化为学生自主学习的模式，利用校园内的计算机等设备与网络技术对课堂内的教学、科研、管理和学生情况分析等有关信息资源进行整合和全面数字化，让教师在课堂期间能通过多媒体设备更好地对学生的学习情况等进行实时掌控。

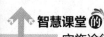
信息技术为课堂教学提供了更多的表现机会，可以将教学内容用丰富多彩的形式呈现在学生面前，多元化的教学模式更容易激发学生的学习兴趣。智慧课堂将信息技术与课堂教学完美结合，不仅能调动学生学习的积极性，又能对学生的计算机思维进行培养，对信息技术学科的开发和应用具有非常重要的作用。

二、极域软件支持下的智慧课堂的优势

在信息课堂中可以使用极域电子教室软件，它有高效实用的教学、评测、管理三大功能模块，全面覆盖智慧课堂教学的各个环节。

（1）简单易用。界面每个功能都有相应的介绍，教师一看就会，一目了然，无论是教师端还是学生端都很容易上手。

（2）多种教学策略。利用极域广播功能，教师可以直接调用各类多媒体教学资源，同步广播给学生，丰富课堂教学内容。学生演示功能可以随时指定某个学生，将其答题或演示过程同步广播给其他学生，开展示范教学。通过共享白板功能，教师可以与全体或指定学生共同完成一项学习任务，达到共同学习探究的目的。分组教学功能可以将学生分成若干组，并推送不同的学习资料，小组之间可以通过文字等方式实现小组合作并完成学习任务。

（3）多种测评功能。可以设置抢答竞赛、随堂小考或者答题卡，快速掌握课堂的实时教学效果。

通过使用极域软件改变传统教学模式，打造个性教学，使教学生动形象，课堂充满乐趣，操作简单易学。在课堂上，学生的学习过程和结果透明，教师授课情况透明，对学生的学习数据了如指掌。这款软件能让教师对课堂的把控度更高，一键收发作业等功能，节约了时间，大大提高了课堂效率。

三、游戏化教学，提高学习的趣味性

所谓游戏化教学，顾名思义就是在游戏中学习。众所周知，游戏尤其是网络游戏对于青少年的吸引力是非常大的，甚至许多青少年为此成了网瘾少年。在平时的信息课中学生经常在课堂上想尽办法脱离教师电脑的控制去玩游戏，如果严加管教就会导致学生产生抵触情绪，使初中信息技术教学的成效变得很低。如果能将游戏和教学有机地结合起来，一定能够大幅提高课堂教学效

率，提高学生学习信息技术的热情，大大降低学生学习的抵触情绪。为每一节课设置出一种类似游戏一样充满乐趣与挑战的教学模式，摒弃传统教学的听课方式，可以使学生自觉地融入课堂学习中，在玩游戏中学习成长，做到真正的"寓教于乐"。而智慧课堂中可以通过极域等软件设置游戏，让学生一同参与，又可以实时监控学生的参与过程，学生可以通过点击完成举手和抢答，真正调动课堂气氛。

这就是杜威所说的"把某种富有魅力的特征加到原本枯燥的教材中，用快乐行贿，引诱学生注意和努力"。

四、游戏化教学，提高学习的积极性

对于任何学科来说，学生学习的积极性都是推动课堂教学顺利进行的最重要因素。而信息技术课由于要用到电脑，游戏化教学则成为一种相较其他学科更容易实现的教学模式。如果教学环节设计得当，游戏化教学一定可以活跃课堂气氛，大幅度提高学生的学习积极性，使学生自发地对信息技术进行探索和学习。竞赛类游戏和奖励性游戏在实践中往往有很好的效果。在众多网络游戏中，竞赛类的小游戏往往更能吸引学生的原因是对于学生来说竞赛更具有挑战性和刺激性，而奖励性游戏往往可以通过加分等之类的奖励让学生在游戏中获得满足感，这些游戏都对学生积极性的提高有很大的促进作用。

当然，游戏化教学虽然有其积极的一面，但也有一定的隐忧，若是教学设计不当或引导不当，游戏化教学很容易流于形式，并不能起到理论上引导学生自主学习的作用，反而容易适得其反，让学生沉迷游戏而无法开展有效的教学。所以在学生操作的过程中，教师要善于用设备实时监控学生的举动，对一些偏离课堂的行为要及时制止和引导。极域软件中的网址白黑名单、应用程序白黑名单等功能，让教师不再担心学生用电脑玩游戏和进入与学习无关的网站，帮助教师执行监管任务。

五、游戏化教学，有利于培养学生小组合作学习

小组合作学习是全世界许多国家采用的一种富有创意的教学策略，有利于促进学生的社会性发展和健康个性的养成，被誉为近几十年最重要和最成功的教学改革。合作探究可以促进学生的学习，实现共同进步。而教学的游戏化

可以很好地调动学生的积极性。在小组参与游戏活动过程中，学生之间需要进行沟通和交流，相互帮助，使他们的思维得到互补。通过智慧课堂的设备，教师能将学生分成若干小组，推送不同的学习内容、作业、试题给学生，小组讨论和评分。游戏竞赛和奖励的形式可以让学生之间加强合作并意识到合作的力量。这个过程对培养学生的小组合作精神有很大的帮助。

经过长时间的实践，以下几种是比较常见的游戏教学法，当然笔者经常将这几种教学方法结合起来。

竞赛游戏法。竞赛游戏的设置不仅能集中学生的注意力，而且此类游戏的激励机制会让学生自觉地为游戏结果而付出努力。因此学生学习的积极性和主动性也大大提高，也让学生在竞赛过程中提高自己的信息技术。

奖励式游戏法。通过对现代初中学生的心理分析，奖励式的激励方法往往能起到很好的效果，能调动学生的积极性，使教学的活动参与度大大提高，所以在笔者所教学的班级都会制定一个加分表。

模拟游戏法。就是模拟一些网上热门的小游戏和一些真人真事，使学生置身于设定的情境当中而更加兴奋地参与教学过程，让学习任务和学习效果以最快的速度呈现在学生眼前。学生最感兴趣的往往不是电脑而是游戏，可以从他们爱玩的游戏中寻找与教学相关的一些知识，通过正确的引导，既能激起学生的兴趣，又能让学生将书本知识和生活中的经验相结合，从而贴近现实生活，有助于学生的生活和学习，让学生真正把信息技术作为工具运用到生活中。

六、结论

综上所述，如果能将教学内容置于合理的游戏中，学生的学习积极性将大大提升，而将智慧课堂与游戏化教学相结合，课堂开展也就能够高效率地顺利实施。希望大家都能认识到游戏化教学的重要性，并将其引入智慧课堂教学中去，以切实有效地促进学生对信息技术知识的掌握。

📖 参考文献

[1]沈园梅.游戏在信息教学中的巧妙应用——记一次游戏教学的启发[J].中国现代教育装备，2011（6）.

［2］王国生.信息技术课程的游戏法教学研究［J］.科技信息，2011（18）：
　　　209-210.

［3］孙秋林.初中信息技术教学中游戏化教学的应用探究［J］.教育教学论
　　　坛，2014（22）：258-259.

［4］何江江.初中信息技术教学中游戏法的运用探讨［C］.现代教育教学探
　　　索学术交流会论文集.北京：北京恒盛博雅国际文化交流中心，2016.

智慧课堂驱动下的翻转课堂在初中
文言文教学中的应用及反思

一、初中文言文教学现状

文言文是以古汉语为基础经过加工的书面语。流传下来的文言文大都是文质兼美的范文，文约意丰，含蓄蕴藉，语言讲究推敲，注重精练，色彩鲜明，比喻形象。

文言文教学一直是初中语文教学的重点和难点。《义务教育语文课程标准（2011年版）》对文言文学习有明确要求："能借助工具书阅读浅易文言文"，"诵读古代诗词，阅读浅易文言文，能借助注释和工具书理解基本内容。注重积累、感悟和运用，提高自己的欣赏品位"，"要求学生背诵古今优秀诗文，包括中国古代、现当代和外国优秀诗文"。以七年级上册部编版教材为例，其中的文言文篇目包括《世说新语（二则）》《论语》《诫子书》《狼》《穿井得一人》《杞人忧天》，共6篇。每学期，文言文占用课时量达到30%以上。从教学评价来看，文言文阅读是中考语文的重要考查内容，其分值占整张试卷总分的12.5%。从以上数据可见其重要性。而难点在于，文言文创作年代久远、文章句法繁多、词义多变，对于初中学生而言，阅读能否流畅通顺仍是一大障碍，机械化的背诵记忆甚至会降低学生对文言文的学习兴趣，如此便更难以让学生对内容产生共鸣，抑或结合当下社会现实，阐发感想。

目前教师进行文言文教学，有以下几个特点：

（1）在教学时，串讲法是教师的首选教学方法，多数教师会将重点字词的意思在屏幕上呈现，结合句子翻译串讲，基本每篇文言文都采用这种方法。课堂上要花大量时间讲字词义、句意，这样课堂也很无趣。

（2）对于多媒体的利用，认为利用多媒体展示一些图片确实有助于学生理解文言文，但是图片只是利用多媒体展示一下，学生不可能将图片带回家。对于文言文内容的理解、情境的创设，学生还是难以自己完成。

既然初入中学的学生对于文言文文意的理解并未系统接触过，那么采取何种方式能够有效吸引学生兴趣，引领学生走进文言文学习中培养语感呢？找到更加符合学生学习规律的教学方式方法，提高文言文教学效果，就成为目前初中语文教学值得探讨的一个重点问题。

二、翻转课堂对于文言文教学的意义

翻转课堂作为智慧课堂中的一种，这种教学法作为一种革命性教学模式已在国外慢慢兴起，它就是将课堂教师"教"的作用前置到学生的课前，学生课前可以通过多媒体、互联网等途径进行自主学习。这种课前的自主学习成为教学的重要环节，而课堂教学成为教师与学生就不懂、不会的前置作业或者是课程难点问题开展的深入研究和答疑过程。

研究翻转课堂文言文教学能够促进教师开辟教学设计新思路。有效应用翻转课堂能够解决文言文教学过程中出现的反馈不及时、思考不深入等问题，促进课堂生成，让学生收获良好的学习成果，有助于培养学生的自主学习能力，锻炼学生思维。翻转课堂教学模式的应用为文言文教学提供了新的探索思路，应勇于尝试。在文言文阅读教学中运用翻转课堂这种新型教学模式，有助于培养学生的自主学习能力，活跃课堂气氛，激发学生学习文言文的兴趣，调动学生间的合作学习，了解不同程度学生的学习状况。

将翻转课堂应用于文言文教学能够提高学生文言文学习效率，促进学生思维发展。文言文的悠久历史是现代文无可比拟的，它不仅承载了中华上下五千年的文明，其本身拥有的特点——言简意赅，也是现代文难以超越的。文言文非常具有思考和探究的价值，可以很好地实施翻转课堂。我们可以利用国内外的理论研究，更深入地探索实践，以期对翻转课堂在文言文阅读教学中的应用提供一定的指导。文言文本身的内涵和特点，决定了翻转课堂在教学中应用的意义，涉及文言实词的学习、文言文文意的理解、文言虚词的探讨和研究。这些教学内容实际上都可以通过翻转学习的手段来实现。翻转教学设计可以更好地完成学习目标。

三、翻转课堂在文言文教学中的应用范围与条件

1. 应用范围

翻转课堂教学在文言文教学中的应用范围应集中在前置作业、课堂学习和课后巩固提升几个环节。课型也有适用的范围，新授课中，出现较多文言常用实词或虚词的文章适合运用翻转课堂教学法，学生可以通过所学，总结归纳知识点，目标更明确。翻转手段不仅让学生有时间静下来读书，还能有时间在课堂上进行深入的沟通、交流、探讨，通过教师的指导、同学的交流，学会阅读的多种方法。复习课更适合运用翻转课堂，整合知识点，解决疑难问题。

笔者认为，运用翻转课堂实施文言文教学应建立在学生已拥有一定的文言知识积累之上，这样，学生能够更有效地运用所学进行研究、总结性学习。翻转课堂可以首先尝试运用在每学期课本最后一篇文言文的学习过程中。例如，七年级上册第五单元的文言文《狼》便是很好的尝试。

2. 条件

翻转课堂的实施还应具备微课的内容，这可能也是所调查教师不愿尝试信息化手段教学的一个瓶颈问题。对于语文，尤其是文言文教学来说，有一个最大的障碍，就是教师如何让学生自主地全面了解文章的全貌。

教师往往会在课堂上花大量时间提供历史背景信息、作家作品、文学常识以及作品风格等内容，而这些内容通常可以通过微视频在很短的时间内展示。由此可见微视频的重要意义和作用。学生可以根据自己掌握的情况，反复观看并学习，按照自己的节奏来进行学习，解决实际问题，达到深度自学的效果，从而达到知识的深入内化，真正形成能力。

四、翻转课堂与智慧课堂的结合与应用

翻转课堂最大的特点就是利用微视频手段，让学生接受知识，然后在课堂上进行更高层次的教学。在智慧课堂驱动下的翻转课堂文言文教学，通过互联网，教师在教室教学的课前能够第一时间掌握学生学习情况，进行课堂互动交流，从而为有限的课堂教学提供更多的空间，可以有效针对学生易错的知识点、疑难问题在课上深入探讨解决，从而达到高效学习的目的。可见，将互联

网与翻转课堂结合起来，这种信息化教学手段的技术支撑是必不可少的。

在课前，教师将本节课需要掌握的重点问题通过云平台发送给学生，学生通过阅读文言文完成教师发送的前置作业问题，查看教师在云终端给出的参考结论，将疑问通过云终端形式发送回来，教师进行统计，找出共性问题，设计课堂主问题。在课堂中，智慧课堂终端可以进行交互式学习。

在课中，可以运用智慧课堂终端设备，当堂针对知识点进行检测练习。这是能够掌握学生学习情况、记录学生学习问题、进行问题反馈和检测分析的重要过程。然而传统课堂中，教师往往将文言文需要掌握的常见知识点复习检测反馈活动放到课下进行，课堂操作性差。文言文知识点相对较多，需要背诵和记忆的常用文言实词和虚词的用法也较多，放到课堂上时间不够用。因此，翻转课堂给出了一个十分有效的解决方案，将大量知识性的讲解移到课前，在课堂上利用整块时间探讨文章的主要问题，并通过课堂练习而非课下练习巩固烦琐的文言文知识点。

翻转课堂可以统筹安排学生学习文言文时间、教学环节，并设计教学环节中的主问题。教师要正确指导学生更充分、深入地学习。此外，自主阅读和赏析阅读也要设计好，通过翻转课堂手段，让学生对文言作品有个性化解读。

五、翻转课堂文言文教学的局限性

教师前期准备工作量大。学生在家自学的自律程度不统一，知识点掌握会出现参差不齐的现象。这种情况，回到课堂后就不能较好地组织讨论了。

六、结束语

智慧课堂与翻转课堂相互结合，这样的教学是实时生成且高效的，是关注学生课堂学习文言文状态本身的，提升了学生的学习兴趣。学生在实时的交互中能立即查漏补缺，巩固知识重点。在课前微课的学习基础后，学生在智慧课堂中能进行更高阶思维的培养。在理解的基础上背诵记忆能大幅度地提高背诵的效率和正确率，同时也能激发学生兴趣，培养学生文言文的语感以及对中华文化的深层理解，从而全面提高他们的语文核心素养。

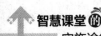
参考文献

[1] 姚冬媚.巧用翻转课堂模式，提高文言教学实效 [J].学周刊，2019（23）：114-115.

[2] 郑林浩.微课在初中文言文阅读教学中的应用研究 [D].开封：河南大学，2019.

[3] 李姣奋.微课在初中文言文教学中的应用研究 [D].石家庄：河北师范大学，2018.

[4] 倪虹.翻转课堂在初中文言文教学中的应用研究 [D].石家庄：河北师范大学，2018.

[5] 韩刚.基于互联网视域下，语文课题研究策略初探——以《培养中学生文言文阅读兴趣研究》为例 [J].教育现代化，2017，4（24）：170-171，177.

现阶段英语听说课智慧课堂案例与反思

　　智慧课堂是以建构主义学习理论为依据，通过数据化的决策分析、即时化的评价反馈、立体化的互动交流和智能化的资源推送，创设富有智慧、有利于协作交流和意义建构的理想学习环境，通过智慧的教与学，促进全体学生实现符合个性化成长规律的智慧发展。

　　智慧课堂对三个方面提出了要求：对学校，要求能够有提供完善的智慧教室、学生端和教师端的智慧产品；对教师，要求能够对新科技有良好的接受能力和开放的态度，并且能够主动积极、熟练地使用智慧产品和设备，不断在实践中推进教学的进步，同时提出更优的智慧教室设施的设想；对学生，提出了较高的要求，需要他们能够自觉地使用学生端的产品服务于学习。智慧产品的使用是一种学习，发挥智慧产品的作用，促进自身的成长和进步是更大的智慧。

　　在整个教学过程中，智慧教室作为最新的高科技教学工具，在教学最基本的三个环节中都能够更及时有效地促进学生的学习和教师的教授。首先，课前，教师能够及时了解学生预习的结果；其次，上课的过程中，学生能更迅速地反馈知识的掌握情况，教师能够得到有效的教学反馈，随时根据出现的问题调整教学，解答学生的疑惑；最后，课后作业环节，因为教师能够及时了解学生课堂掌握情况，分层布置作业，促进每个学生的收获和提高。

　　一直紧跟时代步伐，在创建智慧课堂方面，以一种积极、开放的态度迎接时代的机遇与挑战，努力在智慧课堂创建方面积极探索、实践。10年前就组织教师加入了首都师范大学王陆教授引导的在线实践社区（COP靠谱团队）。在王陆教授团队的带领下，我们学习理论知识，通过实践，探索如何利用基于课堂教学行为的大数据，促进教师实践性知识的增长和专业能力的发展。硬件方面，创建智慧教室，提供相应的电脑、白板、Pad等硬件设施和各种软件设施。

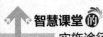

在这种环境中，各学科教师结合学科特点，利用各种既有条件，实践智慧课堂。以下是笔者在现有条件下，英语听说课的实践案例。

本节听说课有四个目的：

（1）通过模仿朗读，改善语音、语调，注意爆破、重音、连读等。

（2）在听读的过程中，理解材料的意思，并能根据材料画出思维导图。

（3）进行听力训练，能完成听力任务，如选择正确答案或者回答问题。

（4）根据所听信息画出思维导图并记载相关细节信息，然后根据自己所画的思维导图，能够再将材料内容复述出来。

本节听说课需要如下设施：

（1）在家里，教师要有手机或者电脑，学生也需要使用电脑、手机、Pad产品，双方设备均要求有能画思维导图的软件或者App，要求双方能够在微信平台交流。

（2）在学校，需要使用智慧听说系统。教室需要配备有学生端电脑、教师端电脑。教师端电脑和学生端电脑互联互通，安装有信息传递等软件设施。

（3）在完成家庭作业方面，教师需要使用E听说平台布置和接收学生作业，学生需要使用E听说平台完成作业并且提交。

以下是具体教学过程：

首先是课前准备。笔者上传了一份奥巴马演讲《为什么要上学》的英语视频到微信群，要学生完成两项任务：一是看完整个视频，大致了解视频内容；二是就教师指定的一段内容——关于奥巴马的成长经历，利用思维导图软件，画一份思维导图，并将思维导图截图发给教师批改。教师批改完学生们的思维导图之后，提炼出存在的问题。

其次是课堂教学。整个教学过程在听说教室进行，教室配有教师电脑、学生电脑，各自安装了听说系统和数据传递系统。

课堂第一步，再次播放这段视频的指定部分，让学生模仿语音语调。学生端电脑在听说系统下，会自动显示学生模仿发音不够准确的地方，并且通过红色字体将其标注出来，绿色字体则是对学生朗读的鼓励和肯定。教师端电脑将会显示学生集中的语音错误和发音不标准的地方，教师可以就此给予一些建议，帮助学生进行纠正。同时教师端会显示学生朗读的评分，教师会看到哪些学生读得好，可以让学生站起来展示。

课堂第二步，经过第一个步骤，学生既训练了语音语调，又学习了指定的内容。此时再来处理家庭作业：有关这一部分的思维导图。教师通过微信平台展示部分学生作品，提出昨天作业批改过程中发现的典型错误，并予以解释和纠正，引导学生在昨天作业的基础上改进思维导图。此项任务要求学生在他们的电脑上利用思维导图的软件完成。完成之后，学生将思维导图分享至微信群，学生们可以互相学习、欣赏，教师做适当点评。教师在收集到学生的作品后，展示最佳作品，向学生们解释如何做好思维导图，并且记载相关的细节信息。

　　课堂第三步，播放介绍其他人物生活经历的音频文件，并完成相应选择和问答任务。教师通过教师端的电脑将材料和任务传至学生端电脑。学生可以听到录音并且完成相应的任务，学生端电脑会自动批改作业，到了限定时间以后，数据会传到教师端电脑，教师可以及时查阅学生的完成情况并发现问题，及时给予评讲和纠正。

　　课堂第四步，再次进行朗读训练，然后根据第二步所学到的思维导图知识和材料，用学生端思维导图软件画思维导图，并且截图到班级群，同学之间互相交流分享，教师点评。在对自己的思维导图满意后，根据自己的思维导图和记载的相关细节信息，复述刚才的内容，E听说系统会将学生的复述和原文比对，看有无缺漏重要信息、有无错误信息、有无语言表述错误，这些结果都会在学生提交的第一时间传递到教师端电脑，教师可以发现问题，及时纠正。

　　课堂第五步，完成整套听力测试。包括三个内容：第一，模仿朗读；第二，听材料选择正确答案或者听材料完成问答题；第三，根据所听材料，画出思维导图并且记录相关细节信息，最后根据思维导图进行复述。

　　测试的结果会在学生完成后上传到教师端电脑。教师可以看到各种数据和数据分析，包括学生成绩的排序和每个小题的得分情况，针对整个班级有数据分析，针对学生也有数据分析。最后E听说系统会根据测试的结果，推荐不同难度的训练题，教师经过审核后，通过教师的E听说App发送到学生的E听说App，作为巩固练习。

　　课堂结束以后，笔者进行了调查和教学反思。

　　首先，学生和教师对于整个课堂上所用到的一些设施，包括硬件和软件都还比较熟悉。例如，微信平台、画思维导图的App、E听说教学平台，还有电脑基本操作等，这些都为智慧课堂的进行提供了最基本的保障。

其次，因为有广泛的可以选取的资源和展示资源的平台，所以教学的内容不仅仅局限于教材，教师可以根据教材的方向选取不同于教材但方向一致且更加新颖有趣的内容。

另外，本次课堂使用思维导图软件画思维导图，通过微信平台进行交流，而传统的方式是，学生在纸上合作画出思维导图，然后一起分享交流。两者都达到了理解听力材料的内容和学习画思维导图的目的。

最有效的是E听说教学平台及时反馈各种数据，教师及时了解学生掌握情况，给予及时的指点和解释，有利于学生在第一时间进行改错，得到提高。E听说教学平台根据学生测试结果，适当地调整学生的作业难度，有针对性地分层布置作业，让有能力的学生进一步提高，让学得不是很好的学生有机会弥补、改善。

以上这些都是比较好的方面，但同时也发现了一些问题：

（1）在预习环节，家长反映，学生使用电脑观看视频，不少学生看完这个视频之后，继续利用电脑做别的事情，如玩游戏。在微信平台上交流的时候也是一样，除了聊思维导图之外，学生也会将关注点放到别的地方。

（2）学生使用思维导图App和微信平台进行沟通交流，缺乏面对面的语言、表情和眼神沟通交流，长此以往，同学之间的感情会淡漠，对学生的终身发展会产生不良影响。

各种智慧手段，如思维导图的制作软件、微信平台、E听说系统之间的相互切换，各个学生的操作速度、完成任务的进度不一样，为了照顾大多数学生会拖延比较多的时间，所以课时设计的内容并没有在45分钟内完成。但是，同样的内容使用常规的教学手段可以完成。

智慧课堂是时代发展的趋势和方向，现阶段不成熟、不完善是正常的，我们应该具有前瞻性的眼光，以积极开放的态度迎接时代的机遇和挑战，不断地进行学习和实践，为推动智慧课堂的前进贡献一分力量。

智慧课堂背景下初中道德与法治
教学策略的实践研究

——以七年级上册"生命可以永恒吗"为例

一、研究背景

当今社会，以互联网技术为代表和核心的信息技术与产业迅速发展，随着硬件和对应的软件、技术手段的使用成本及门槛的降低，社会生活的方方面面都趋于智能化，"智慧地球""智慧社会"等概念被提出。而教育一直是衡量社会进步和发展水平的重要标准，智慧教育、智慧教室、智慧课堂等理念应运而生。随着时代和技术的发展，传统的教学方式在追求效率的今天与高效课堂的要求显得不相匹配，因此进行智慧课堂教学的普及势在必行。

智慧课堂是在合适的情境中能够运用恰当的教学技术手段（各类教育信息技术、电子终端和网络教育资源，如同屏技术、录播技术、平板电脑、教育App等）实现相应的课程教学目标（知识目标、能力目标、情感态度与价值观目标以及学科核心素养目标），并且以敏感和顿悟为特征，以机智为主要表现形式的课堂。

为研究在智慧课堂中有关初中道德与法治学科教学的实施策略，笔者选取《道德与法治》七年级上册第八课第一框"生命可以永恒吗"的内容，运用各类信息技术开展了基于智慧课堂的课程教学。本文将基于课程的设计思路、教学过程以及实践效果，对本次课堂中所运用到的技术手段进行分析和反思，对采取这些手段取得的教学成果进行探讨，从而为开展道德与法治智慧课堂教学的教师提供一些拙见。

二、初中道德与法治智慧课堂中的教学策略

1. 立足学生兴趣，调动学生主动参与，开展有效智慧课堂

智慧课堂固然是高效率的代名词，但是并非所有初中阶段的学生都养成了良好的学习兴趣、学习态度和学习习惯，尤其是处于初一年级（小中衔接的适应阶段）以及初二年级（独立自主意识增强的青春期）的学生。除此以外，作为人文学科的道德与法治，其主要内容为教育学生养成良好的思想品德以及行为习惯，帮助学生接触了解及融入社会以及传授学生有关国家法治法律方面的相关知识，因此并非所有课时都能够激起学生的学习兴趣和欲望，甚至有部分课时会让学生觉得枯燥乏味，最后造成学习效果不佳。基于以上两点，笔者认为初中道德与法治教师不应不分课题地在所有课程中都采取相似的教学策略进行智慧课堂教学。

而在一些重情感态度与价值观以及核心素养养成的课程中，教师可以更加着重利用技术手段提高学生的参与度，让学生充分表达自己观点，在某些案例中产生身临其境的感受，从而使课堂教学取得更好的效果。

例如，笔者教授的"生命可以永恒吗"，其内容包括对三个问题的解读：生命的特性是什么？如何正确对待死亡？生命会如何接续？从课本呈现的内容可以看出，本节课的知识点对于初中生而言其实并不难理解，在知识目标的达成上并不需要花费过多的时间和精力，相对于让学生记忆知识点，教师应该把教学目标的重点放在情感态度与价值观目标以及核心素养目标的实现上，即帮助学生形成珍惜热爱生命的正确生命观，并且帮助学生树立科学精神和公共参与意识，培养学生对社会的责任感。因此在本节课中，笔者利用信息手段整合发布了能够引发学习兴趣的教学资源，设计了适用于智慧课堂的教学活动，并通过智能手段增强学生的参与度，在很大程度上提升了学生的学习主动性，促进教学目标的更好实现，提升了教学效果。

2. 利用互联网媒介发布资源、任务，提升学生预习效率

在传统的教学模式中，课前预习是很重要的一个教学环节，但是在预习方式上往往较为固定，预习的效果较难得到保证。教师们在传统的教学模式中，往往通过布置作业（预习课本、完成学案等）的方式要求学生完成预习，但预习的效果较难得到保证，从而使得讲授新课时课堂的效率有所降低。

而在智慧课堂中，教师不仅可以发布学生感兴趣的多媒体预习资源，还可以通过智能终端布置相应的预习任务，并在相关的App上验收任务完成结果，提升学生预习作业的完成质量和对教学内容的预习效果，从而最终服务于课堂教学，提升课堂教学的质量。

　　例如，笔者在开展"生命可以永恒吗"的新课讲授前，通过相关的信息媒介发布了视频《生命的进程》供学生进行预习，视频是初中生在道德与法治课堂上较为喜欢接收的教学资源，因此该资源不仅有利于学生们养成对该课的学习兴趣，也有利于帮助学生们在预习中理解课本观点。除此以外，针对该课中"生命来之不易"这一知识点，笔者还布置作业"采访母亲在分娩过程中的感受并录音"，并且通过信息化手段对该任务进行了验收，此举可以为课堂收集教学素材，同时也可以更好地督促学生们对知识点进行预习。这种资源和预习任务的发布大大提升了学生的预习效果，同时也为课堂节省了部分时间，提升了课堂教学的效率。

3. 利用投屏技术进行直播，呈现课堂活动内容

　　传统教学模式下，课堂活动对于道德与法治课而言是学生生成知识点、形成逻辑体系以及提升逻辑思维能力的重要途径。传统教学模式下，小组活动往往采取以小组为单位或两两组合的形式进行，这切割了小组之间的联系，最后对活动内容的呈现也较为单调。除此以外，对于其他参与课堂的教师（如听课教师）而言，观察传统教学模式下的课堂活动需要自己下座位，没有一个统一的呈现方式。

　　而智慧课堂下的投屏技术则可以通过另一种直接的方式呈现课堂活动的内容，其在物、化、生等学科的实验中可以起到对课堂活动的直播作用。在道德与法治课程中，投屏技术可以在小组活动中使用，呈现符合教学目的的活动内容，有利于学生和参与课堂的教师了解课堂进度，促进相互之间的理解。

　　笔者在"生命可以永恒吗"中也采用了投屏技术，学生在完成本课的"生命小档案"并对此展开讨论的过程中，教师通过投屏技术对部分学生完成的内容进行了投影，提升了学生和教师的课堂参与度，让课堂的内容展现得更加丰富。

4. 通过点名器保障学生课堂参与度，促进学生知识生成

　　提问在任何教学模式下都是最重要的教学环节之一，因为提问是引导学生

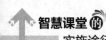

生成知识点的教学环节，同时也是学生反馈教学效果的重要环节。在传统的教学模式中，大多数提问的回答方式都是学生集体回答、学生自愿回答或教师点名回答。这些方式在一定程度上可以反馈教学效果，但是随机性较小，即使是点名的方式也带有一定的主观性，这也导致部分懒散的学生没有紧张感，课堂上学生的参与度和注意力也因此具备很大的提升空间。

智慧课堂中点名器的运用提高了提问的随机性，每个学生都有同样的概率被点名，同时也排除了教师基于对学生的认识产生的提问主观性。在相同的被提问概率下，学生更容易感受到紧张感，这将提升每个学生的自觉听课意识，提升课堂参与度和效率，更加有利于学生的知识生成。

笔者在教授"生命可以永恒吗"时设计了多个与课本知识点直接挂钩的问题，如通过观看视频回答"身体生命外，人类生命还在哪些方面接续"以及"我们能在人类生命接续中做些什么"。通过实践笔者发现与以往的传统课堂相比，学生的回答质量明显提高，对视频材料以及课本的关注程度也有所提升，这体现了用点名器提问所带来的课堂效率的提高。尽管如此，如何减少点名器带来的课堂时间浪费仍然需要在软件设计以及教师把控上进行完善和提高。

5. 利用平板电脑和相关软件进行题目分析，注重教学效果的反馈

在传统课堂的道德与法治教学过程中，教师会在常规课里设置相应的课堂练习和课外作业，通过这些题目来完成对教学效果的评估，从而有针对性地进行查漏补缺。但在传统课堂中，课堂练习往往采用的是点名回答的方式，而作业批改则采取的是手改的方式，讲解时也是根据批改时的统计进行易错题采集，这些方式可能会造成涵盖性较低、工作量较大等不足。

现今随着智能设备及智能教育平台的发展，这些不足将在智慧课堂中得到较大的改善。课堂练习中，学生可以在平板电脑的平台上完成课上的习题，题目的正确率等分析结果将会发送至教师的智能终端，教师可以根据分析更有针对性地进行讲解。而在课后练习里，学生可以在智学网这样的平台中进行线上答题，帮助教师进行错题采集，而后学生也可以将回答错误的题目收集至网站的个人错题集中，除此以外，教师还可以通过网站中的电脑阅卷系统设计特制答题卡，通过电脑扫卡的方式批改作业，采集学生的正答率、错题信息等。

笔者在"生命可以永恒吗"中设计了两道课后练习题，并为学生作业中该课的选择题设计了特制答题卡，通过平板电脑答题和电脑阅卷系统扫卡的方式，教师有效地采集了学生的回答正确率和错题情况，有针对性地讲解错题，促进了学生对该课知识点的巩固。

参考文献

［1］王丽娜，黄秋生，江毅.国内外翻转课堂研究现状对比分析［J］.数字教育，2017（2）：18–22.

［2］张亚珍.国内外智慧教室研究评论及展望［J］.开放教育研究，2014（1）：81–91.

［3］孙曙辉.智慧课堂［M］.北京：北京师范大学出版社，2016.

［4］国内外智慧教室的研究存在异与同［OL］.https：//wenku.baidu.com/view/b491f59d0c22590102029dea.html.

［5］周雨青，方书玉.“互联网+”背景下的课堂教学——基于慕课、微课、翻转课堂的分析与思考［J］.中国教育信息化，2016（2）：10–12.

［6］宦成林，余华平.“互联网+”时代的课程教学变革［J］.内蒙古师范大学学报，2016（4）：71–73.

［7］张立杰，华裕涛.“互联网+”时代的翻转课堂教学模式刍议［J］.黑龙江高教研究，2016（11）：167–169.

信息技术支持下的物理实验智慧课堂

一、引言

当前，互联网、云计算、大数据等新一代信息技术被广泛运用于学校教学中，逐渐形成了一种信息技术与课堂教学深度融合的新形态——智慧课堂。智慧课堂的核心在于用"互联网+"的思维方式和最新的信息技术手段来变革、改进课堂教学，并建构智能高效的课堂教学模式，通过智慧的教与学，让所有学生在课堂中体验过程、习得规律，最终达成智慧发展。本文将先介绍智慧课堂，再结合物理实验课堂实例分析如何开展智慧课堂。

二、智慧课堂

智慧课堂是指利用云计算、物联网和大数据等新兴信息技术，创设智能化的课堂教学环境，实现智能课堂和高效课堂，最终实现学生的智慧发展。智慧课堂可以为学生提供各种媒体资源，如图形图像、文档表单、音频视频、动画和flash等，并根据学生的基础水平、学习特征、学习习惯、接受能力等个性差异，提供不同的学习资源，以满足学生个性化学习的需要。

智慧课堂更注重师生间思想的交流与碰撞，注重学生对知识的理解和掌握。学生可以在充满活力和生机的课堂中探索知识、获得知识并将知识内化，促进智慧生成。智慧课堂以学生的自主探究学习为主，教师发挥引导者的作用，学生可以在课堂上将自己遇到的问题及时和教师交流互动，也可将自己的学习成果和其他小伙伴分享展示，针对某一个问题学生可以自由发表自己的意见。在课外，学生可以随时在平台上与教师发起答疑互动，突破了时间和空间的限制，革除了传统教学的线下教师与学生永久性分离的弊端。借助智慧课堂云平台，学生可以将自己在课外学习中遇到的难题及时向教师咨询，有助于下一步学习的正常开展。

根据调查研究显示，深圳市几乎所有学校均能应用信息技术开展教学活动，甚至成立全面完善的电子信息智慧教室。所以，在开展教学活动的过程中，教师们可以利用现代化教学软件制作教学资料及教学课件，在课上要求学生自主通过课件进行知识渗透，推动学生自主学习能力的提升。接下来，笔者将分析在电教室上的一堂初中物理课"流体压强与流速的关系"。

三、教学案例分析——"流体压强与流速的关系"

（一）课程分析

本节内容选自人教版教材八年级下册第九章第四节，流体压强与流速的关系是对液体压强和气体压强特点的拓展。教学重点是流体压强与流速的关系，难点是利用流体压强与流速的关系解释相关现象。据了解，学生在这方面的生活经验并不多。因此，在教学过程中应尽量选择操作简单、现象明显、很直观且生动有趣的小实验，引导学生把压力、压强跟流速联系起来，再了解流体的压强与流速的关系及其在生活中的应用，并解决实际问题。

（二）课程平台及资源

我校电教室具备较完善的电子信息平台，给教师配备一台Pad，与电子白板连接，教师可以随时随地利用Pad自由地控制电子白板上呈现的内容，如控制PPT的播放、呈现电子文档、电子课本的调用等。一些理科实验往往只能在讲台上进行，为了避免受到座位局限而导致学生看不到操作过程，教师可利用Pad进行实验过程的直播，将实验的动态过程呈现在白板等大屏幕上。还可以利用电教室的摄像头进行录播，回放课堂教学过程视频，帮助教师对本节课进行评价和反思。

（三）实施过程

1. 教学准备

本节课是一节以实验为主的新授课，笔者通过查阅教参、课本、网上相关视频资源，根据实验的操作难易程度、现象是否直观、器材是否容易制作等综合考虑，为学生精心准备了四个分组实验。

课前给学生推送微课，让学生观看微课视频预习本节课的内容，先为学生

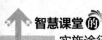

学习本节课内容打下良好的心理基础。

2. 教学活动

根据创新学习模式对本节实验课的学习活动做详细设计，教学活动过程主要包括新课引入、新课讲授、分组实验和课堂练习四个环节。

（1）新课引入

设置了两个活动来引入这堂课的课题，活动一"吹泡泡"，利用童年的玩具造成知识的"悬疑"，产生认知冲突，激发学生的学习兴趣。活动二"漏斗吹乒乓球"，利用学生的好胜心进一步激发学生的学习兴趣，并吸引学生迅速进入这节课的主题。这两个实验很吸引学生的眼球，学生们觉得好玩有趣，也有上台表演的机会，学生的课堂参与度瞬间提高，课堂气氛也非常活跃。

（2）新课讲授

在新课讲授过程中，播放PPT课件，给学生呈现精美的图片、精简的语言和重要知识点内容，播放本节课相关的视频，在切换的过程中，手持电子白板配套的激光笔就可以完成切换。本节内容在讲到第二部分"飞机的升力"时，通过演示实验让学生们有更直观的认识，而演示实验器材比较小，学生们在很大程度上会受到位置的影响，只有小部分学生看得清。于是，笔者利用Pad里的同屏软件，将演示实验的过程通过投屏进行直播，利用信息技术很完美地解决了这个难题，极大地提高了课堂效率，体现出智慧课堂的理念。

（3）分组实验

在探究"流体压强与流速的关系"时，按照实施物理实验自主探究的理念，把课堂的自主权还给学生，培养学生合作意识和动手观察能力，将学生分成6组，每组8人，以分组实验的形式进行。学生在分组实验的过程中，教师随堂适当指导，并利用Pad拍摄学生实验成功的瞬间以及收集实验过程中出现的问题，在实验完成后，利用同屏技术将这些视频、图片展示出来，再让学生去分析问题、得出结论。本次分组实验过程中还有意外收获，有个小组的学生在做伯努利实验时（吹风筒、乒乓球、透明塑料管道），尝试了新的实验方法，他利用吹风筒在乒乓球正下方吹气，待稳定后，吹风筒缓慢水平移动时，乒乓球竟然没有掉落，而是随着吹风筒的方向水平移动，从他的"创新实验"中也能反映出压强与流速的关系。这个教学片段反映出，让学生成为主体，从"做"中学不仅能培养学生科学的操作意识和动手能力，还能促进学生去发现问题、思考问题、解决问题，激发出学生的创新潜能。这不就是物理实验课堂的智慧吗?

（4）课堂练习

课堂练习中的习题，笔者利用了与学校合作的教学资源平台菁优网，筛选了一些经典的题型，根据本节课内容的特殊性，考查内容还是以选择题为主。学生限时完成选择题后，将选择题填涂在答题卡上（利用门口易测网站定制的），用手机上的门口易测软件扫一扫，不到1秒钟就可以出结果。这样就可以及时将学生的学习情况反馈出来，通过门口易测软件可以看出每道题的得分率，进而了解学生的学习情况，后期再进行调整补充。

3. 教学评价

教学评价以日常表现和考试为主。我校与智学网达成合作，考试时可以将答题卡扫描入网站，阅卷后可以直接从智学网上得出学生的成绩，分析学生的得分率以及学生的薄弱知识点、进退步情况等。智学网大大提高了教师的工作效率，教师将有更多的时间投入其他教学工作。

四、结束语

在信息技术的环境下，努力建构初中物理智慧课堂教学模式，不但有助于提高课堂的有效性，还可以更好地以学生为主体，引导学生自主、探究学习，提升素养，促进自身的成长。初中物理智慧课堂依靠信息技术提供的智慧学习环境，推动了物理课堂结构变革，生成与塑造了智慧型教学范式。

参考文献

［1］万飞.信息化环境下初中物理智慧课堂教学模式探究［J］.现代教育技术，2018，28（8）：52-57.

［2］张珮.开放教育智慧课堂教学模式设计与反思［J］.西北成人教育学院学报，2019（4）：5-9.

［3］陈宓.智慧课堂下的初中地理教学［J］.文理导航，2019（8）：62.

［4］任东丽，杨多多，陈品德.智慧课堂中的Pad教学应用分析及案例研究［J］.中国教育信息化，2019（8）：16-20.

浅谈智慧课堂下初中生思维能力提升的策略研究

——从初中生语文品、诵教学现状说开去

教育部2001年颁布的《基础教育课程改革纲要（试行）》中指出："改变课程实施过于强调接受学习、机械训练的现状，倡导学生主动参与、乐于探究、勤于动手，培养学生搜集和处理信息的能力、获取新知识的能力、分析和解决问题的能力以及交流与合作的能力。"该文件明确将以教师为主导的封闭式课堂转向以学生为主体的开放性课堂，随着课堂结构的变化，建设高效智慧课堂，引导学生课堂中掌握更多知识，培养自我学习的能力，提高思维辨析能力成为当务之急。初中教育作为义务教育的关键阶段，以品味、诵读文本为契机，进一步践行智慧课堂的建设。

一、品诵源于经典

我国古代就有类似"品诵"的语义。在《中庸》中，有"博学之，审问之，慎思之，明辨之，笃行之"的说法，"品"是贯穿整个阅读教学的环节，即"品中读，品中诵，品后写"，将"品、读、诵、写"有机融合，浑然一体。就整个阅读教学的过程来看，阅读要始于学，终于行，中间经过问、思、辨的过程，这也是中国古代哲学教育思想之一。南宋理学家朱熹曾自创"朱子读书法"，其中的两句"虚心涵泳""切己体察"，要求学生读书应重视反复品味、领悟语言，结合自己切身生活经验来体验文章，这样方能有深刻的见解，提高思维能力。智慧课堂下教师转变预设型课堂的解读观念，努力研究学生、倾听学生、发现学生，才会不把学生在课堂中的活动、回答看作一种对教师的配合，而是一种思维的碰撞、一种能力的提升。

二、品诵践于课堂

基于语文课程的本质，笔者高度尊重并关注语言文字，紧紧围绕语言文字开展语文教学，设计课堂教学流程，使语文教育回归语言文字本真，让学生在品诵中含英咀华、唇齿留香。品诵六步教学法基本流程为：读、悟、品、诵、拓、写。

1. 读，感知语言文字

读即让学生充分自信地自读自悟。在语文课上，先让学生自由读2～3遍课文：第一遍读通，即遇到不认识的字，通过查阅工具书或者借助拼音认会，扫除阅读"拦路虎"；第二遍读顺、读懂，即遇到不懂的词语，通过结合上下文或者查阅工具书理解词义，扫除理解"拦路虎"，理解课文主要内容；第三遍一般与同桌互读互听，纠正字音，做出标注，画出疑问。每个学生都读了三遍课文，在整体感知课文主要内容的同时，自主浅层次地感知语言文字，品味语言文字，为后面的"悟""品""诵"奠定基础。

为了提高学生自读自悟的实效性，可引导学生掌握自主阅读的方法，通过圈、勾、点、画、标等方式提高阅读效果。从三年级开始，把"读"的环节当作教前自学环节，学生每人准备自学本，按师生合作设计的《自学导航》上的步骤自学每篇课文。这样，学生有了自学的"拐杖"，轻轻松松自学，扎扎实实发展，自学过程"看得清""摸得着"，习惯成自然，掌握了自学流程，构建了自学模式，实现了自主学习。

2. 悟，理解语言文字

悟即引导学生理解课文内容，感悟作者的思想感情。品诵的时间从哪里来？品诵时间就从删繁就简地理解课文内容的过程中挤出来，假如有两种选择：一种是学生毕业时只能磕磕绊绊地读下来所学过的课文，但对内容的理解比较透彻；另一种则是这些学生对所学课文理解不是特别透彻，但能熟练地背诵所有篇目。你会选择哪一种呢？笔者会选择第二种。在品诵教学"悟"的环节中，教师应努力压缩讲的时间，把时间节省出来让学生品诵，也就是说，品诵的时间就是从"悟"的环节中挤出来的。在"悟"的环节中，着重让学生交流自学收获，并提出自己不明白的问题或感兴趣的探究主题，师生共同梳理主干问题或者主题，合作释疑，深入理解课文内容。同时，教师随机点拨深化，引导学生深入感悟作者的思想感情。因此，师生都得到了解放，最终教师把肢解课文的时间节省下来，用于学生的品、诵，加强了语言文字积累，拓展了语文课程资源，提升了学生语文素养，实现了语文教学轻负担、高质量的目标。

3. 品，品味语言文学

如果一味让学生背诵，他们必然产生厌烦情绪。要让学生喜欢语文，就必须引导学生品味语言文字、赏析语言文字，让学生体会到祖国语言文字的精致美妙，真正感受到祖国语言文字的美，领悟民族文化的丰厚博大，感受作者表达方法的别具一格，领悟课文的魅力，享受学习母语的快乐，提高对语言文字的鉴赏能力和审美水平。学生只有喜欢上祖国的语言文字，才想读、想学，产生汲取经典语言文字营养的兴趣，产生背诵精美语言文字的主动性和内驱力，背诵则成为水到渠成之事。语文课程是学习语言文字运用的综合性、实践性的课程，也就是说，理解、积累、运用语言文字才是语文学习的第一要务。因此，一篇文章"写了什么"与"怎样写的"，后者更为重要。《义务教育语文课程标准（2011年版）》中的阶段目标要求也提出了学生阅读时要感受语言的优美，品味作品中富有魅力的语言。语文阅读教学的最高境界是真实、朴实、扎实，语文课就应该充分利用文质兼美的课文，引导学生围绕语言文字扎扎实实地进行听、说、读、写的语文实践活动，品味赏析内容精彩之处、语言运用经典之处，从课文中的字、词、句甚至标点符号的比较、揣摩、感悟、运用中感受到语言文字之美，提高语文素养。

4. 诵，积累语言文字

教师应该在尊重学生已有背诵方法和背诵经验的基础上与学生不断探讨，共同总结科学高效的背诵方法，让学生简简单单背诵课文，轻轻松松积累语言。鉴于此，较为有用的方法有结构提示法，即师生一起梳理出课文的结构，进行板书，使课文结构一目了然，学生背诵时，先部分背诵，最后根据结构提示把各部分连起来，完成整篇课文的背诵，提高逻辑思维，养成自主背诵的好习惯；结构插图法，即在学习带插图的课文时，教师要提醒学生注意插图内容，先让学生观察插图，说插图内容，然后学习相关句段；移步换景法，在背诵地点转换频繁的课文时，引导学生追踪地点来背诵，如《"东方之珠"》一文，可参照此法；行动演示法，即背诵故事性较强的课文时，可给学生布置分角色表演的任务，分组进行，让每个学生都参与，学生在表演前先熟读成诵，做好充分准备，最后评价哪一组、哪一名学生表演到位，对话准确、流利。学生为了表演得更好，背诵兴趣浓厚，还边背边准备着表演的动作，提高了背诵效率。

5. 拓，丰富语言文字

拓展课程资源，做到一篇带多篇。这个过程体现了"课文无非就是个例子"的教学观，帮助学生深化了对课文内容的理解，增加了学生的阅读量，增长了学生的见识，开阔了学生的视野，丰富了学生的语言积累。在这个过程中需要学生收集拓展与作者有关的资料、与课文题目有关的资料、与课文主人公有关的资料、与描写景物有关的资料、与课文思想感情有关的资料，然后展示交流，拓展阅读，扩大阅读面。

6. 写，运用语言文字

创造条件搭建平台让学生进行练笔，使学生将积累的好词佳句和学到的写作手法应用于表达，做到学以致用。积累是为了运用，语文教学的本质就是学习语言文字的诵读、品味，诵读积累的语言文字只有通过多次练习和运用，才能转化为表达能力。正如叶圣陶先生说的："学语文就像学游泳、练自行车一样，光听别人讲解方法掌握不了本领。"《义务教育语文课程标准（2011年版）》也指出，语文课程是学生学习运用祖国语言文字的课程，学习资源和实践机会无处不在，无时不有。因而应该让学生日积月累，在大量的语文实践中体会、把握运用语文的规律。学生在读书中理解、感悟，在品味中体昧、揣摩，在诵中涵泳、积累，在写中效仿、运用，循序渐进，其乐融融。

总之，品诵教学的读、悟、品、诵、拓、写六个环节，每个环节都是围绕语言文字做文章，都落实了以读代讲的教学理念，都是以学生为主体，以教师为主导，引导学生实现了"读——读进去；悟——读得懂；品——读出味；诵——记得住；拓——读得多；写——用得出"的语文学习追求。把握好语文学习六步走，学生的语文素养将如"春起之苗，不见其增，日有所长"。

三、品诵新于开放

1. 淡化泛泛分析，保证品诵时间

品诵的时间要从对语文教材课文的粗放理解中挤出来，坚决不泛泛分析，按"读—悟—品—诵—拓—写"六步实施教学，课后练习要求学生背诵的课

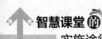

文，让学生不折不扣地熟读成诵；没有要求背诵的好词佳句、经典段落，也让学生力所能及地背诵，然后节省下时间让学生品诵教材的其他课程资源。另外，创造性地采取高效夯实学生基础知识的方式，也能节省出部分课堂时间让学生品诵。一是每节课抽出5分钟复习时间检测基础知识，即每天让学生听写或默写基础知识；二是采用单元过关法及时复习基础知识，即每学完一单元，要求基础知识集中过关，扎实的基础知识是品诵教学的基础。

2. 博览与精背结合，奠定品诵根基

没有博览群书，学生对语言文字品味鉴赏的能力自然提高得慢，而让学生在博览的基础上选择优秀的文章来熟读、背诵，自然会事半功倍。关于课文的背诵应该分为两种情况：特别优美的篇目，学有余力的学生全篇背诵；一些故事性或者说明性较强的课文，内容简单易懂，学生很容易理解课文的内容，让学生熟读并背诵部分好词佳句。这样会节省很多时间，为学生大量阅读课外书提供了时间上的保证。同时还要确保学生有充足的读书时间，为他们提供健康的读书内容，最后在小组进行读书成果展示。

3. 实施分层次品诵，减轻学生负担

品诵教学以学生自品自诵为主，教师进行引导、指导和辅导。品诵课程实施分层次教学：优秀学生学好课本知识以后马上品诵其他课程资源，能背诵多少背诵多少，精短的可以全背，较长的可以背诵精彩的片段，不搞"一刀切"；潜能生以学好课本基础知识为主要任务和底线。整个过程做到优秀生"吃好"，潜能生"吃饱"，这样就建构了语文教材与课外资料、古典名篇与现代文相结合的面面俱到的品诵课程系统，形成了学生"时时品，处处诵"的良性局面。所有的背诵都是学生在课堂上完成的，学生通过"品"增强了对语言文字的感情，自然会产生背诵的冲动。教师再通过一些激励手段，让学生产生背诵的兴趣，把背诵当作享受。

四、品诵久于完善

语文课堂要有语文味，品诵教学中品味、诵读看似流于表面，是语文课堂的一部分，但在生成性的语文课堂中，它必不可少，不仅留痕，更是深入。品味语言时，根据情境的变化可随机应变，品味字词句段，亦可品味景情意蕴；诵读文字时，可开展多种形式，从多种感知器官去领会文字的美丽，沉淀为内在的思维能力。无论哪种语文教学方式都不是一成不变的，都需要在课堂的主阵地中日益更新、逐渐完善、内化升温。因此，智慧课堂的建设应从细小教学环节入手，逐渐深入，内化为学生的思维能力。

参考文献

［1］蒋蓉.对当前小学语文阅读教学的思考［J］.湖南教育（综合版），2002（18）：36.

［2］林文兰.试论提高阅读教学有效性的策略［J］.教育实践与研究，2011（10）：35–36.

［3］李霓虹.小学语文阅读教学有效性初探［D］.武汉：华中师范大学，2007.

［4］黄甫全.课程与教学论［M］.北京：高等教育出版社，2002.

［5］王文彦，蔡明.课程与教学论［M］.北京：高等教育出版社，2006.

［6］徐辉.教师教育研究与评论［M］.杭州：浙江大学出版社，2006.

［7］王曙.语文阅读教学新视野［M］.上海：汉语大词典出版社，2006.

［8］中华人民共和国教育部.全日制义务教育语文课程标准（实验稿）［S］.北京：北京师范大学出版社，2011.

分类讨论思想在数学解题中的应用

一、分类讨论思想在初中数学解题中的意义

分类讨论思想不仅是一种数学思想，更是一种重要的解题方式，真正培养学生的数学思维，提高学生解题的条理性、缜密性和准确率。传统的数学教学方法，教师只是给学生讲解一种解题方法，加上课堂教学时间有限，在一种解题方法讲述完毕之后，教师就开始布置任务，让学生用课堂所学的方法来解题，没有真正鼓励学生运用其他方法来解题。在解题中教师需要先帮学生厘清运用分类讨论思想解题的原因，之后引导学生找出题目需要分类讨论的对象，最后才能准确解题。学生做题时合理运用分类讨论技巧来答题，可以大大提高解题效率，增强数学解题能力，更好地锻炼数学思维能力和逻辑能力。

二、正确的分类讨论应当符合两条原则

（1）分类应按同一标准进行。

（2）分类应当不重复、不遗漏。

例如，把三角形分为斜三角形和等边三角形两大类，既有重复（等边三角形也是斜三角形），又有遗漏（不包括直角三角形），其分类标准不统一，故分类错误。分类后，对各种情况分别进行研究，得出不同情况下的结论，这就是讨论。

三、分类讨论思想在初中数学中的应用

1. 与数学概念、定义有关的分类讨论

例1：若 $|A|=3$，$\sqrt{B^2}=5$，则 $|A+B|=$＿＿＿＿＿。

分析：二次根式 $\sqrt{B^2}$ 可以化简，转化为 $|B|$，与绝对值有关的问题一般要去掉绝对值符号，这就要根据绝对值的概念进行分类讨论研究。

解法一：

$\because \sqrt{B^2}=|B|$，

$\therefore A=\pm 3$，$B=\pm 5$.

当 $A=3$，$B=5$时，$|A+B|=8$；

当 $A=3$，$B=-5$时，$|A+B|=2$；

当 $A=-3$，$B=5$时，$|A+B|=2$；

当 $A=-3$，$B=-5$时，$|A+B|=8$；

综上所述：$|A+B|=2$或8。

解法二：

$\because \sqrt{B^2}=|B|$，

当 A、B同号时，$|A+B|=|A|+|B|=3+5=8$；

当 A、B异号时，$|A+B|=|B|-|A|=5-3=2$，

故应填2或8。

例2：已知相切两圆的圆心距为5，一个圆的半径为2，求另一个圆的半径。

分析：相切两圆分为内切、外切两种情况。

解：设另一个圆心的半径为 R，则 $R+2=5$或 $R-2=5$，故 $R=3$或7。

2. 涉及数学运算法则或定理、公式的适用范围的分类讨论

例3：已知 $\dfrac{a+b}{c}=\dfrac{b+c}{a}=\dfrac{c+a}{b}=k$，那么直线 $y=kx+k$ 一定经过（　　　）。

A. 第一、二象限　　　　　　B. 第二、三象限

C. 第三、四象限　　　　　　D. 第一、二、三象限

分析：应用等比性质 $\dfrac{a}{b}=\dfrac{c}{d}=\dfrac{e}{f}=\dfrac{a+c+e}{b+d+f}=0$ 的前提是 $b+d+f\neq 0$，所以要分

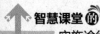
两种情况讨论。

解法一：

分两种情况讨论：

（1）当$a+b+c\neq0$时，由等比性质，得$\dfrac{(a+b)+(b+c)+(c+a)}{c+a+b}=k$，

$\therefore k=2$。

$\therefore$直线$y=kx+k=2x+2$经过第一、二、三象限。

（2）$a+b+c=0$时，$a+b=-c$。

$\therefore k=\dfrac{a+b}{c}=\dfrac{-c}{c}=-1$。

$\therefore$直线$y=kx+k=-x-1$经过第二、三、四象限。

综合（1）（2），直线$y=kx+k$一定经过第二、三象限，故选B。

解法二：

$$\begin{cases} a+b=kc & ① \\ b+c=ka & ② \\ c+a=kb & ③ \end{cases}$$

①+②+③得，$2(a+b+c)k=k(a+b+c)$，

当$a+b+c\neq0$时，$k=2$，

$\therefore y=kx+k=2x+2$经过第一、二、三象限；

当$a+b+c=0$时，$k=-1$，

$\therefore y=kx+k=-x-1$经过第二、三、四象限；

$\therefore y=kx+k$一定经过第二、三象限。

3. 涉及问题中待定参数的变化的分类讨论

例4：关于x的方程$(M-4)x^2-(2M-1)x+M=0$，当M为何值时，方程有实数根？

分析：方程有实数根，即方程有两个或一个实数根，相应的方程为一元二次方程或一元一次方程，所以对未知数最高次项的系数要分类讨论。

解：（1）当$M-4=0$，即$M=4$时，原方程化为$-7x+4=0$，此时方程为一元一次方程，有且只有一个实数根$x=\dfrac{4}{7}$；

（2）当$M-4\neq0$，即$M\neq4$时，原方程为一元二次方程。

当$\Delta=\left[-（2M-1）\right]^2-4（M-4）^2M\geq0$时，

即$M\geq-\dfrac{1}{12}$且$M\neq4$时，方程有两个实数根。

综合（1）（2），当$M\geq-\dfrac{1}{12}$时，原方程有实数根。

说明：方程中最高次项的系数是含字母的不确定代数式，这决定了它的取值的多种可能性，不能看到x^2项就简单地认为是一元二次方程。

4. 涉及几何元素位置变化的分类讨论

（1）与几何基本概念有关的分类讨论。

例5：平面上A、B两点到直线的距离分别是$2-\sqrt{3}$和$2+\sqrt{3}$，求线段AB的中点C到直线l的距离。

分析：点A、点B与直线l的位置关系有两种情况，A、B两点在直线l的同侧或异侧。

解：（1）如图6-20-1所示，当A、B两点在直线l的同侧时，设$AM\perp l$于M，$BN\perp l$于N，$CP\perp l$于P，且$AM=2-\sqrt{3}$，$BN=2+\sqrt{3}$，

∵C是AB中点，$AM//CP//BN$，

∴CP是梯形$AMNB$的中位线，

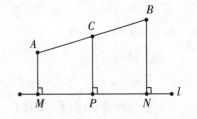

图6-20-1

∴$CP=\dfrac{1}{2}（AM+BN）=\dfrac{1}{2}（2-\sqrt{3}+2+\sqrt{3}）=2$。

（2）如图6-20-2所示，当A、B两点在直线l的异侧时，过B作$BR\perp AM$的延长线于R，延长PC交BR于Q，则$AM//CQ//BN$，

∵$AC=BC$，

∴$RQ=QB$，

∴CQ是$\triangle ABR$的中位线。

∵$PQ=BN=MR=2+\sqrt{3}$，

∴$CQ=\dfrac{1}{2}AR=\dfrac{1}{2}（AM+MR）=\dfrac{1}{2}（2-\sqrt{3}+$

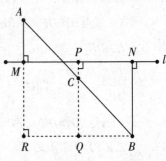

图6-20-2

$2+\sqrt{3}）=2$，

$\therefore CP=PQ-CQ=2+\sqrt{3}-2=\sqrt{3}$,

$\therefore$ 综上所述，线段AB中点C到直线l的距离为2或$\sqrt{3}$。

5. 与三角形有关的分类讨论

例6：已知，在Rt$\triangle ABC$中，$\angle C=90°$，$AB=10$，$\tan A=\dfrac{4}{3}$，D是AB上一点，

$AD=6$，点E是过点D的直线与$\triangle ABC$的另一边的交点，过点D能否作一条直线截原三角形所得的小三角形与原三角形相似？若能，求出DE的长，若不能，请说明理由。

解：$\because \tan A=\dfrac{4}{3}$，$\angle C=90°$，

$\therefore \tan A=\dfrac{AC}{BC}=\dfrac{4}{3}$，

设$AC=3x$，$BC=4x$，则$AB=5x$，

又$\because AB=10$，

$\therefore x=2$，

$\therefore AC=6$，$BC=8$.

$\because AD=6$，

$\therefore BD=4$。

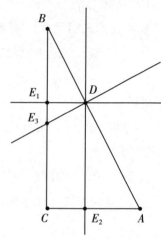

图6-20-3

分三种情况讨论，如图6-20-3所示。

（1）过点D作DE_1//AC交BC于E_1，

$\therefore \triangle ABC \sim \triangle DBE_1$

$\therefore \dfrac{DE_1}{AC}=\dfrac{DB}{AB}$，即$DE_1=\dfrac{DB \times AC}{AB}=\dfrac{4 \times 6}{10}=\dfrac{12}{5}$。

（2）过点D作DE_2//BC交AC于E_2，

$\therefore \triangle ADE_2 \sim \triangle ABC$，

$\therefore \dfrac{DE_2}{BC}=\dfrac{AD}{AB}$，即$DE_2=\dfrac{AD \times BC}{AB}=\dfrac{6 \times 8}{10}=\dfrac{24}{5}$。

（3）过点D作$DE_3 \perp AB$于D，交BC于E_3，

$\therefore \triangle E_3BD \sim \triangle ABC$，

$$\therefore \frac{DE_3}{AC} = \frac{BD}{BC}, \quad 即DE_3 = \frac{AC \times BD}{BC} = \frac{6 \times 4}{8} = 3。$$

综上所述，DE的长为$\frac{12}{5}$，$\frac{24}{5}$或3。

6. 与四边形有关的分类讨论

例7：在四边形$ABCD$中，$AD//BC$，$AB=DC$，AC与BD相交于点O，$\angle BOC=120°$，$AD=7$，$BD=10$，求四边形$ABCD$的面积。

分析：满足题设条件的图形有两个，平行四边形或等腰梯形，如图6-20-4和图6-20-5所示。

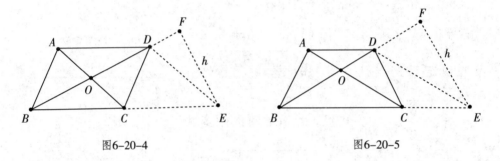

图6-20-4   图6-20-5

解：分两种情况讨论：

（1）如图6-20-4所示，过点D作$DE//AC$交BC延长线于E点，过点E作BD的延长线的垂线与BD延长线交于F点，

由$\angle BOC=120°$，得$\angle EDF=60°$。

又根据勾股定理，$BE^2=BF^2+EF^2$，设$EF=h$，

即$14^2=(10+\frac{\sqrt{3}}{3}h)^2+h^2$，解得：$h_1=3\sqrt{3}$，$h_2=-8\sqrt{3}$（舍去）。

又$\because S_{\triangle BAD}=S_{\triangle DCE}$，

$\therefore S_{四边形ABCD}=S_{\triangle BED}=\frac{1}{2} \times 10 \times 3\sqrt{3}=15\sqrt{3}$。

（2）如图6-20-5所示，过点D作$DE//AC$交BC延长线于E点，过点E作BD的延长线的垂线与BD延长线交于F点，

由$\angle BOC=120°$，得$\angle EBF=30°$。

又根据勾股定理，$BE^2=BF^2+EF^2$，设$EF=h$，

即$(2h)^2=(10+\dfrac{\sqrt{3}}{3}h)^2+h^2$，解得：$h_1=5\sqrt{3}$，$h_2=-\dfrac{5}{2}\sqrt{3}$（舍去）。

又$\because S_{\triangle BAD}=S_{\triangle DCE}$，

$\therefore S_{四边形ABCD}=S_{\triangle BED}=\dfrac{1}{2}\times 10\times 5\sqrt{3}=25\sqrt{3}$。

综上所述，所求四边形$ABCD$的面积是$15\sqrt{3}$或$25\sqrt{3}$。

7. 与圆有关的分类讨论

例8：已知$\odot O$中，半径$R=5$cm，AB、CD是两条平行弦，且$AB=8$cm，$CD=6$cm，求AC的长。

分析：由弦AB、CD的位置的不确定性来分类讨论。

解：（1）如图6-20-6所示，由垂径定理

及勾股定理，得弦心距$d_1=\sqrt{5^2-\left(\dfrac{6}{2}\right)^2}=4$，

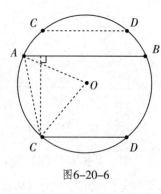

$d_2=\sqrt{5^2-\left(\dfrac{8}{2}\right)^2}=3$，则弦$AB$、$CD$间的距离为

$4+3=7$或$4-3=1$，从而$AC=\sqrt{7^2-\left(\dfrac{8-6}{2}\right)^2}=5\sqrt{2}$或

$AC=\sqrt{1^2-\left(\dfrac{8-6}{2}\right)^2}=\sqrt{2}$。

图6-20-6

（2）如图6-20-7所示，$AC=7\sqrt{2}$或$AC=5\sqrt{2}$，

综合（1）（2），满足条件的AC可能是$\sqrt{2}$或$5\sqrt{2}$或$7\sqrt{2}$。

说明：

本例中隐含了两个层次的分类讨论思想：

（1）平行弦位置的不确定性，即它们可在圆心的同侧，也可在圆心的两侧。这就是说，所求线

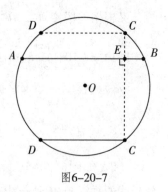

段AC的长有四种可能，本例中的$5\sqrt{2}$出现了两次，只能合并算为一种情况。

图6-20-7

（2）点的位置的不确定性，如当A、B确定后，C、D的排列有两种情形。

浅谈5G背景下人工智能技术在学生
学情分析中的应用

学生作为一个客观存在的个体，在现今主流的班级教学中，他们彼此间存在明显的个体差异。教师虽然可以借助相关软件得到班集体的大致情况，但苦于整理每位学生的个体情况，只能够凭经验推测。长期下去，不仅不利于教师了解学生的学情，也不利于学生随时发现自己的不足。目前，5G时代正在产生革命性的影响，同时大量人工智能软件的广泛运用改变了现代教育模式。因此，结合5G背景充分且高效利用人工智能分析学情至关重要。

一、学生学情分析的现状

在传统教学中，行政班教学需要统一教学内容和进度，难以实现个性化学习、层次化学习，因此存在学生对自身以及同学间的学习状态缺乏了解的情况。学生难以自己掌控学习时间，也难以获得适合自己的教学资源，最终导致实际教学效果差。

任教者因苦于数据整理的高难度，对学生的学习参与度、进步程度、努力程度、回应程度、知识掌握程度、思维拓展程度、团队配合程度等都难以做到客观的、科学的、系统的评价。

二、新技术带来的智能教育变革

2018年1月20日中共中央、国务院印发《关于全面深化新时代教师队伍建设改革的意见》（以下简称《意见》），这是中华人民共和国成立以来第一次以党中央名义专门印发加强教师队伍建设的文件。《意见》着眼于未来教师队

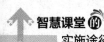
伍建设改革的趋势，明确提出，教师要主动适应信息化、人工智能等新技术变革，积极有效开展教育教学。随着5G通信技术、人工智能的成熟，让新技术有效辅助教学是当代教师的使命担当。

因材施教是一项重要的教学方法和教学原则，在教学中根据不同学生的认知水平、学习能力以及自身素质，教师要选择适合每个学生特点的学习方法来有针对性地教学，发挥学生的长处，弥补学生的不足，激发学生学习的兴趣，树立学生学习的信心，从而促进学生全面发展。新技术为智慧教育提供了更丰富的手段，最终落脚点是实现因材施教，利用新技术科学评估学生学习程度，激发学生学习兴趣，便于合理制订个性化学习计划，可以有力推进教学。

目前，5G通信技术带来更大的传输带宽，为学校大规模引入智能设备提供了基础条件，人工智能将为教学评估分析提供更丰富的手段，以下为这些新技术的特点：

5G（5th generation mobile networks）即第五代移动通信技术，是4G系统的延伸。5G的性能目标是高数据速率、减少延迟、节省能源、降低成本、提高系统容量和大规模设备连接。

人工智能（Artificial Intelligence）是计算机科学的一个分支，也是自然科学和社会科学的交叉领域。它试图了解人类智能的实质，使机器能够做出类似人类的反应，从而完成一些复杂的工作。人工智能的研究方向包括机器人、语言识别、图像识别、生物识别、自然语言处理和专家系统等。

对于学生个人学习来说，每天都有大量的高质量数据产生，人工智能也因此成为学生学情分析的首选解决方案。5G背景下人工智能的应用，让学生能实现个性化、智能化的高质量学习。

三、人工智能技术在学情分析中的应用探讨

1. 评估行为

教师在教育过程中，其思维方式与教育价值观对学生学情分析有着重要的影响。在日常教学中，受限于教学对象队伍庞大，数据整理难度大，难以实现针对个体的分析，因此教师常常借助自身的主观经验进行判断，但这往往具有片面性。

在网络时代，尤其是大数据时代，教育资源虽然明显增多，但其质量参差

不齐、内容重复度高、操作机制不统一、关联度低导致无法高效查找利用等，都给使用者增加累赘的适应过程，从而弱化了本身价值。

在5G时代之前，人工智能就开始进入大众生活中，其智能化的优势已初步展示。借助5G，人工智能可以融入教学过程中，进行一系列的教学行为评估。

例如，教学过程中，学生对回应教师抛出的教学疑问进行解答时，可以人工采集数据，然后基于大数据分析，进行不同学生的能力评测。该方法受限于人力、物力，无论是授课的教师还是学习的学生，都无法自行简单获取该结果。在5G时代结合人工智能，可以建立每个学生的个人学情分析库，依托语言分析系统以及声纹识别系统，在课堂上由人工智能系统自动识别采集有效信息且进一步分门别类，生成相关报告。同时，学生可以借助图像识别，将自己做过的题目进行扫描记录，建立自己专属的难度等级题库。这样，学生不仅可以及时了解到该堂课的自我掌握情况，也可以建立个人成长库，促进对自身学习资料的收集、整理和评价，更有助于教师借助人工智能平台进一步评估学生学情，因材施教，从而推动教与学的高效转化。

2. 主题思维

受限于课程体系的分课教学，学生在校的每个时间段接受的都是单门课程的教学。同时各学科均侧重相对独立的理论系统，授课教师大多只关注自己所任教课程内的知识，导致不同学科虽有关联却不利于学生在课后生活中将所学知识融为一体。一些学校或校外辅导虽有相关跨学科项目，如STEAM课程、创客课程等，但受到教育主流体系的限制以及教师水平良莠不齐，并不能真正影响大多数学生的思维模式。

借助人工智能可以系统还原知识点。对于同一事物，可以根据学生的不同认知水平阶段，展示出不同的知识点，让学生更贴近生活地进行学习。

例如，茉莉花，在科学老师眼里是植物，在音乐老师眼里是名曲，在美术老师眼里是色彩，在语文老师眼里是诗词，等等。但这都是相对独立的思维，且并不在同一时间学习，容易造成思维断层，不利于学生在脑海中完整了解该事物。但学生可通过人工智能分析其目前已有认知水平，借助AI系统，在任何一个时间段重新归纳已有的知识点。由此可在不同学习阶段向学生展示茉莉花的不同信息，如逐步展示中文名字及英文名，植物的不同器官，统计茉莉开花的季节时段，查找相关艺术信息，茉莉的不同结构怎么运行的，它能

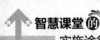

适应怎样的生活环境，不同气候对它的生存有什么影响，不同的化学试剂可能导致它发生什么变化，等等。让学生真正将知识渗透到生活中，且贴近自身情况重现知识，避免了知识无用论，更能挖掘学生自身的潜能，从而对学生学情产生积极影响。

3. 自主学习

学生的学习最关键在于如何学会自我成长，但目前绝大多数学校采取的教学模式是行政班教学，每个学生作为一个发展中的个体，其学习习惯、爱好、兴趣、能力是不可能一致的。在这种环境下，学生难以及时获得自身的发展情况，从而获得个性化发展。走班制之所以难以实施，在于难以对全体学生的数据进行统一、分析与分类。

人工智能可以借助与教学的融合，分析学生目前已有的学习情况，让学生根据问题提示自主进入下一阶段。

例如，在课堂上，不同学生解决问题的能力有所区别，教师难以及时调整每个学生的学习进程，先完成任务的学生往往无法进一步学习从而无所事事。借助人工智能系统可以轻松解决该问题，根据不同个体的完成情况，及时不断地训练学生的思维深度，达到个性化学习。

四、结束语

人工智能技术加持的智慧课堂模式更有利于分析学生学情，使教学质量得以大幅度提升。同时，学生的学习环节智能化对于减少时间浪费、降低资源不匹配度具有显著效果。

客观来说，目前的人工智能仍然属于弱人工智能的范畴，在应用层面还存在着许多限制和不足。相信随着技术的不断进步，人工智能还可以在更多场景中发挥作用，使学生学情分析向着更加先进化、智能化的方向发展。

参考文献

[1] 马国富，王子贤，刘太行，等.大数据时代下的线上线下混合教学模式研究 [J].教育文化论坛，2017（2）：22-24.

[2] 赵娟.大数据时代下的商务英语翻译翻转课堂教学设计 [J].内蒙古师范大学学报（教育科学版），2018（4）：94-97.

［3］王惠.基于大数据的小学决策改进方法研究［J］.九江职业技术学院学报，2019（2）：7-9.

［4］李佳珂，李俊青.大数据环境下教学过程关键问题浅析［J］.科技教育，2017（12）：158-159.

［5］郑勤华，熊潞颖，胡丹妮.人工智能教育应用的困境与突破［J］.开放教育研究，2019（4）：10-17.

［6］钱汉伟.基于大数据技术的教学资源共享平台初探［J］.江苏警官学院学报，2018（5）：118-121.

［7］第伟.大数据在小学数学教学中的作用［J］.数学教学通讯，2018（16）：62-63.

［8］周鹏来.基于"互联网+教育"的教学生态重建［J］.实验教学与仪器，2018（12）：49-50.

［9］傅建钢."跨学期+跨课程"综合项目课程改革与保障路径研究［J］.宁波工程学院学报，2019（2）：79-83.

从一题多解的角度，引导学生发散思维

—— 一节智慧的数学课堂

　　数学是研究数与形的科学，是"科学的皇后"；课堂是指学校课堂，是教师传道授业解惑的地方，是学生学习知识、培养能力的主战场，是培养学生做人做事基本态度的第二战场（除了家庭以外最重要的场所）。所谓智慧，在现实生活中体现为解决问题的能力。智慧无形，因而智慧数学课堂是没有固定模式的，没有僵化教条的环节或步骤，一节智慧的数学课堂往往体现为思维的灵活、方法的巧妙，往往体现在引导学生解题的过程中充满智慧地思考与沟通。在引导学生解题的过程中，需要教师从多角度指导，用不同方法，借用不同知识巧妙解答。以下是笔者所举例子。

　　例：如图6-22-1所示，在等腰直角△ABC中，∠ACB=90°，P是线段BC上一动点（与点B、C不重合），连接AP，延长BC至点Q，使得CQ=CP，过点Q作QH⊥AP于点H，交AB于点M。

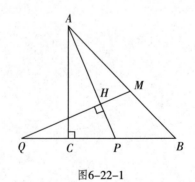

图6-22-1

（1）若∠PAC=α，求∠AMQ的大小（用含α的式子表示）。

（2）用等式表示线段MB与PQ之间的数量关系，并证明。

解证明题，就是要解决从哪里来、到哪里去的问题，具体来说，就是从题目的条件中来，到题目的结论中去，在这个过程中需要已有的知识储备做工具。所以条件解读非常重要，在指导学生解题的过程中，条件分析必不可少。本题有三个关键条件：等腰直角△ABC，CQ=CP，QH⊥AP。对等腰直角△ABC的理解应该不会有问题，边相等、角相等、直角都是常规的基础，在这个基础上CQ=CP也不难理解，会想到垂直平分线、等线段辅助全等三角形、等腰直角三角形等。会对解题造成障碍的是最后一个条件QH⊥AP，还有就是结论中的两条线段MB和PQ如何沟通。一般的经验，两条线段之间的数量关系需要借助位置关系沟通。

分析完题目的基本条件后，就要开始研究图形，从边和角两个方面开始对图形进行基本认识：如图6-22-2所示，令∠MQB=∠1，∠CAP=∠2，由两组垂直关系和对顶角关系至少会想到∠1=∠2这一组等角，这属于这一类图形最基本的认识。如图6-22-3所示，由∠3=∠2=∠1，以及等腰直角△ABC中的45°角，可以证明∠QAM=∠QMA，所以QM=QA=AP，这属于这道题的基本认识，也以此解答了题目第一问：∠AMQ=45°+α。

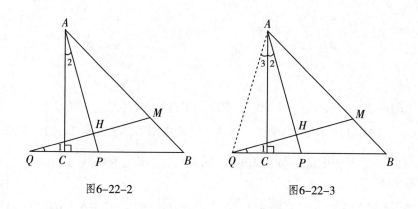

图6-22-2   图6-22-3

第二问是在等腰三角形的基础上设问，因此45°角、等线段、直角边和斜边之比为$\sqrt{2}$:1。思考问题的抓手，分析一下，可以有以下九种方法解答：

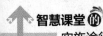
解法一：

如图6-22-4所示，延长AC到点D，使得CD=CP，连接DP，则$\angle D=\angle B=45°$，

$PD=\sqrt{2}CP$（$CP=\dfrac{\sqrt{2}}{2}$），$AD=BQ$。根据基本认识$\angle 1=\angle 2$，易证$\triangle ADP\cong\triangle QBM$，

所以$PD=MB$，因此$PQ=\sqrt{2}PD=\sqrt{2}MB$。

解法二：

如图6-22-5所示，在AC上截取CD=CQ，连接DB、DQ，则$DQ=CQ$，$\angle DQC=\angle ABC=45°$。根据"边角边"可证$\triangle ACP\cong\triangle BCD$，所以$AP=BD$，$\angle 2=\angle 3$，再结合$\angle 1=\angle 2$，根据"角边角"进一步证明$\triangle DQB\cong\triangle MBQ$，所以$DQ=MB$，所以$PQ=\sqrt{2}DQ=\sqrt{2}MB$。

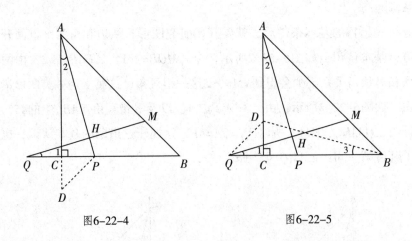

图6-22-4   图6-22-5

解法三：

如图6-22-6所示，延长AC到点D，使得CD=CQ，连接DQ、BD，所以$\angle DQB=\angle ABC=45°$则DQ//AB，又由$\triangle ACP\cong\triangle BCD$得$\angle 3=\angle 2=\angle 1$，所以BD//QM，所以四边形QDBM为平行四边形，可得结论$PQ=\sqrt{2}QD=\sqrt{2}MB$。

解法四：

如图6-22-7所示，当我们已经认识到QM=AP，作MN⊥BQ于点N，则$MB=\sqrt{2}MN$。根据"角角边"证明$\triangle ACP\cong\triangle QNM$，所以PC=MN，所以$PQ=\sqrt{2}MB$。

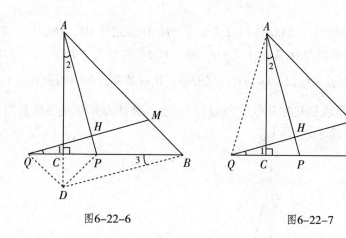

图6-22-6   图6-22-7

解法五：

如图6-22-8所示，在AC上截取$CD=CP$，连接DQ、DP、DM、AQ，则DP//AB。先根据对图形的基本认识$\angle 1=\angle 2=\angle 3$，去证明$\angle 4=\angle 5$（$\angle 4+\angle 3=45°$，$\angle 5+\angle 1=45°$），再根据另一个基本认识$QM=QA$证明$\triangle QAD\cong\triangle QMD$，得$\angle 6=\angle 3=\angle 1$，所以$DM$//$BC$，因此形成平行四边形$DPBM$，可得结论$PQ=\sqrt{2}MB$。

解法六：

如图6-22-9所示，作点M关于BC的对称点N，连接MN、BN、QN、AQ，由两个基本认识$\angle 1=\angle 2$、$QA=QM$，可证明$\triangle AQP$和$\triangle QMN$这两个等腰三角形是全等的，从而得到结论$PQ=MN=\sqrt{2}MB$。

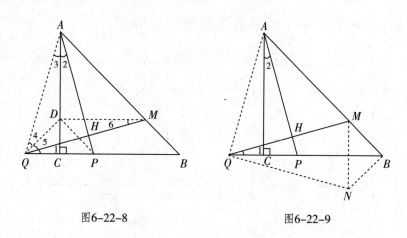

图6-22-8   图6-22-9

解法七：

如图6-22-10所示，过点P作$PK \perp AP$，且$PK=AP$，连接AQ、AK、BK、MK、PK，根据对原图形的基本认识$QA=QM$，所以QM平行且等于PK，所以四边形$PKMQ$是平行四边形，所以$MK=PQ$，$MK//PQ$。此时共顶点的等腰直角$\triangle ACB$和等腰直角$\triangle APK$形成旋转型相似，相似比为$\sqrt{2}$，易证$\triangle MBK$是等腰直角三角形，所以得结论$PQ=MK=\sqrt{2}MB$。

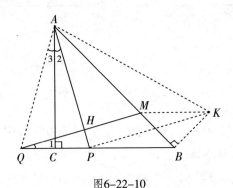

图6-22-10

解法八：

考虑到等腰三角形与正方形的关系，以及对$AP \perp QM$这一条件的认识，可以想到正方形中常见基本图形：如图6-22-11所示，若$AE \perp CF$，则$AE=CF$，反之，若$AE=CF$，则$AE \perp CF$。如图6-22-12所示，在图6-22-11的基础上补全正方形$ACBD$，作$CN \perp AP$交BD于点N，连接MN，在正方形$ACBD$中易得$CN=AP$。前面已经分析过了$QM=AP$，所以$QM=CN$，且$QM//CN$，所以四边形$QMNC$是平行四边形，所以$MN=CQ$，同样也可以说明结论$PQ=\sqrt{2}MB$。

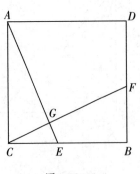

图6-22-11

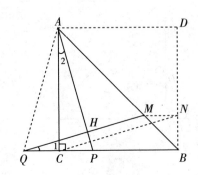

图6-22-12

解法九：

如图6-22-13所示，以点C为坐标原点，以CB所在直线为x轴，CA所在直线为y轴，建立平面直角坐标系。

设点B（m，0），P（n，0）（$m>0$，$n>0$），则点A（0，m），Q（$-n$，0），$PQ=2n$，用待定系数法分别求出直线AB的解析式为$y=-x+m$，直线AP的解析式为$y=-\dfrac{m}{n}x+m$，因为直线$QH \perp AP$，且过点Q（$-n$，0），所以直线QH的解析式为$y=-\dfrac{n}{m}x+\dfrac{n^2}{m}$，联立方程组$\begin{cases} y=-x+m \\ y=-\dfrac{m}{n}x+\dfrac{n^2}{m} \end{cases}$解得$\begin{cases} x=m-n \\ y=n \end{cases}$，所以$M$点坐标为（$m-n$，$n$）。

所以$BM=\sqrt{(m-n-m)^2+(n-0)^2}=\sqrt{2}n$。

所以$PQ=\sqrt{2}MB$。

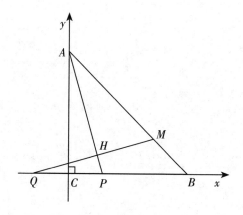

图6-22-13

在引导学生思考的过程中，思维的引导非常重要，这九种解法既有区别又有联系。题目提供的两线垂直，在简单的图形里意味着直角、直角三角形；在稍微复杂的图形里，可以由同角或等角的余角相等想到等角；在平面直角坐标系中，则意味着两个一次函数之间的关系。从知识点的角度来看，解法一、二、三、五、六应用了三角形全等，解法三、六、七、八应用了平行四边形，解法七应用了相似，解法九应用了函数；从图形变化的角度来看，解法一、四、七用到等腰直角三角形相邻两直角边旋转90°重合可以构造全等三

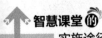

角形，解法三、五、八则是通过平移将分散的两条线段集中在一个新的等腰直角三角形中获取等量关系，解法二、六则充分挖掘垂直平分线的性质，利用轴对称研究图形关系。

俗话说，学习语文、英语，让你掌握一门语言，能够与人沟通；学习物理、化学，让你掌握更多科学知识，能够了解生活中万物之联系；学习数学，能够让你变得更加聪明，让你有更多解决问题的办法。数学本身就是一种智慧，数学中蕴藏着一种至简至和的智慧、一种至真至通的智慧，学好从课堂中汲取的数学智慧，将为你增添自我提升的能力、解决问题的能力。

第七章

智慧课堂研究课例

中国工农红军长征

【课程标准】

（1）讲述中国工农红军长征的故事，体会红军的革命英雄主义精神。

（2）知道遵义会议，认识其在中国革命史上的地位。

【教材分析】

本课是部编版教材八年级上册第五单元"从国共合作到国共对立"的最后一课。它在国共十年对峙的历史中具有承前启后、继往开来的特殊地位。本课通过讲述红军长征的历史原因、艰苦经过和历史意义，着重培养学生积极进取、艰苦奋斗、团结合作的精神，极为鲜明地体现了历史课程的人文教育核心。

【学生分析】

1. 学生需求分析

历史学习能兼具"有趣"和"高效"，让学生在轻松愉快的氛围中拓宽视野，也能在考试中获得好成绩，加深对历史现象和现实问题的理解。

2. 学习特征分析

初二学生能初步进行理性思考，但更喜欢直观形象的学习方式。

3. 知识经验分析

学生在小学阶段学习过《金色的鱼钩》《飞夺泸定桥》等故事，初二语文的必读书目《红星照耀中国》第五篇讲的是长征，前期的学习使学生对长征途中的故事已有初步了解。

【教学目标】

1. 知识与能力

了解红军长征的路线及长征过程中发生的重大事件，了解遵义会议的召开及其伟大意义，探究红军被迫实行战略转移和取得胜利的原因。

2. 过程与方法

以长征路线为线索，加深学生对长征艰苦过程的了解；利用文学影视作品的感染力，让学生感知历史，形成历史概念，认识时代特征；通过分析遵义会议的作用及影响，让学生形成对历史事实的正确理解与判断。

3. 情感态度与价值观

体会先烈们不畏艰难、艰苦奋斗、勇于献身、追求崇高理想的革命英雄主义精神，加深对长征精神的认识和理解。激发学生热爱中国共产党、热爱人民军队、热爱祖国的崇高感情。

【教学重难点】

1. 教学重点

遵义会议、长征经过。

2. 教学难点

感悟长征精神及新时代如何继承弘扬长征精神。

【教学方法】

情境教学法、小组合作探究、竞赛法、讲授法等。

【教学过程】

（一）情境导入

（1）小学课文《金色的鱼钩》。

（2）埃德加·斯诺《红星照耀中国》。长征是人类战争史上的奇迹，其特有的魅力使它就像一部神话，突破时代和国界，在世界上广为传扬。

设计意图：此书目是本学期语文的必读书目，学生比较熟悉，通过外国人对长征的描述，感知长征的伟大，初步认识长征。

（二）新授

第一部分：感知长征

1. 战略转移原因——红军为什么要长征

地图：国家局势图。

生：回忆国民党政权和共产党政权建立的情况，补充日本局部侵华的情况。

师：国民党对于"内匪"采取什么措施？

生：围剿。

师：红军势力的增强和根据地势力的壮大引起国民党的恐慌，蒋介石指挥军队连续五次对红军发动了"围剿"。

表格：红军五次反"围剿"，引导学生对比分析图表，重点从指挥者、战略战术方面考虑。

结论：战争的胜负不仅取决于力量的强弱，正确的军事思想和战略战术也至关重要。

博古、李德等人错误指挥→红军第五次反"围剿"失利→被迫战略转移（长征）。

设计意图：根据图示了解国家局势。通过对比分析五次反"围剿"的情况，明确红军第五次反"围剿"失利是被迫进行战略转移的原因，失利的根本原因跟博古、李德"左"的错误有关，分析层层深入。

2. 探究分享——长征过程

师：展示中国工农红军长征路线示意图。

任务1：在书中第82页地图上圈出以下六组重要地点。

任务2：尝试给同桌简要说说各地点相关的长征历史（不超过10个字）。

生：A、C同学负责①②③，B、D同学负责④⑤⑥。

①江西瑞金。

②湘江、乌江。

③贵州遵义。

④赤水河、金沙江、大渡河、泸定桥、雪山、草地、腊子口。

⑤陕西吴起镇。

⑥甘肃会宁。

设计意图：根据图示，结合课本了解红军长征过程的概况，学会识读历史地图，通过任务驱动、同伴互助，有利于提高自主学习、互助学习的效果。

（1）遵义会议前的重重危机

① 瑞金：红军1934年10月从瑞金出发。

② 湘江：（视频）《血战湘江》片段。

师：为什么"三年不饮湘江水，十年不食湘江鱼"？

（生回答）

师：湘江之战是红军出发以来历时最长、战斗最激烈、损失最惨重的一次战役，突破了四道封锁线，红军由出发时的8万多人锐减至3万多人。

③ 强渡乌江、夺取遵义。

图片：博古主张往湘西，毛泽东主张去贵州。

师：（设问）你支持谁？说明原因。

生：蒋介石已判明红军的意图是到湘西会师，因此在通往湘西的路上设置重兵。贵州的敌人力量比较薄弱。

结论：毛泽东提出了改向敌人力量薄弱的贵州进军的主张，得到多数人的支持。1935年1月，红军强渡乌江，夺取遵义，把敌人的堵截部队远远地抛在了湘西。

设计意图：通过中国工农红军长征路线示意图，培养学生识图能力；让学生从视频等情境资源中初步感知长征初期的重重危机，为了解遵义会议召开的必要性做准备。

（2）遵义会议后的漫漫征途

① 战史奇观：四渡赤水。

图文资料：

一渡赤水，集结扎西，待机歼敌；

二渡赤水，回师遵义，大量歼敌；

三渡赤水，虚晃一枪，调兵西进；

四渡赤水，佯攻贵阳，摆脱敌人。

师：为什么四渡赤水？

生：声东击西，打乱了敌人的追剿计划。

结论：四渡赤水充分展现了毛泽东高超的军事指挥能力，是毛泽东一生中的"得意之笔"。

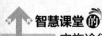

②巧渡金沙江。

图片：跳出敌人的包围圈，打开了一个崭新的局面。

③飞夺泸定桥。

图片：泸定桥图片、飞夺泸定桥油画。

师：泸定桥是怎样的一座桥？

生：铁索桥（学生对飞夺泸定桥的故事有一定的了解）。22名突击队员在火力的掩护下，冒着枪林弹雨，一边铺桥一边战斗，占领对面桥头，为主力开辟前进道路。

过渡：红军在长征途中不仅要面对敌人的围追堵截，还要战胜恶劣的自然环境，爬过终年积雪的雪山，走过满是沼泽的草地。

④爬雪山。

图片：红军爬过的第一座雪山——夹金山。

资料：

我上到山上感到气也喘不上来。山顶空气稀薄，不能讲话，只能闷着头走，不管多累，也不敢停下来休息，因为一坐下来就可能永远起不来了。

——《聂荣臻元帅回忆录》

生：通过亲历者的描述，对爬雪山的艰难有感性的认识。

⑤过草地。

资料：

那草丛间呈深褐色、透着腐臭味的沼泽，一下子就陷进去了一位战友，另一位战友去救，也被拉了进去。早上还在一起吃饭的战友，眨眼之间就不见了……

——老红军袁美义的回忆

生：朗读资料，融入角色中去感受过草地时的艰险以及失去战友的悲痛。

视频：纪念红军长征80周年公益广告《金色的鱼钩》。

结论：红军历经千难万险，终于闯过了生命禁区，看到了胜利的曙光。

⑥地图：突破天险腊子口、陕西吴起镇会师（1935年10月中央红军与陕北红军）。

⑦会宁会师。

地图：三大主力会师（1936年10月甘肃会宁），长征胜利。

图片：会宁会师纪念塔（邓小平题字）、会师门。

设计意图：通过中国工农红军长征路线示意图、扣人心弦的视频，了解长征的历史故事，虽然征途漫漫，但最终屡败强敌，获得胜利。为探究"遵义会议是中国共产党历史上生死攸关的转折点"这一知识点做了铺垫。

第二部分：感悟长征

1. 资料

红军一共爬过18条山脉，其中5条终年冰雪覆盖；渡过24条河流；经过11个省份；占领过62座城市；突破10个地方军阀组织的包围；此外还要打败或躲避追击的国民党中央军。平均每天行军71华里（35.5千米），一支大军及它的辎重要在一个地球上最险峻的地带保持这样的平均速度，可说近乎奇迹。

——［美］埃德加·斯诺

综合分析：红军长征遇到哪些困难和问题？

（1）恶劣的自然地理环境（终年积雪的雪山、一望无际的草地……）。

（2）衣、食、住、行、装备方面的贫乏。

（3）敌人的围、追、堵、截。

设计意图：引导学生思考，探究红军战士能够不断克服困难、创造一个又一个奇迹的动力。

2. 对比分析：生死转折——遵义会议

地图：对比遵义会议前的"被动挨打、危机重重"和遵义会议后的"屡败强敌、取得胜利"引导学生得出结论。

视频：遵义会议，学生从视频中获取信息。

（1）学生回忆会议内容：

① 纠正博古等人在军事上和组织上的错误；

②肯定毛泽东的正确军事主张；

③选举毛泽东为中央政治局常委；

④取消博古、李德在军事上的领导权。

（2）对比：遵义会议前后，中国共产党领导中国革命的状况。

思考：为什么说遵义会议挽救了党、红军、中国革命，是中国共产党历史上生死攸关的转折点？

设计意图：学会对比分析得出结论，学会从视频资料里提取历史信息，提高课堂趣味性。

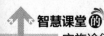
3. 论从史出——长征胜利的意义

材料1：它不是一般意义上的"行军"……它是一曲人类求生存的凯歌，是为避开蒋介石的魔爪而进行的一次生死攸关、征途漫漫的撤退，是一场险象环生、危在旦夕的战斗……长征使毛泽东及共产党人赢得了中国。

——［美］哈里森·索尔兹伯里

（1）粉碎了国民党反动派消灭红军的企图。

材料2：倒下的是一座座丰碑，活着的是一面面旗帜。人数虽少些，但留下的都是中国革命的精华。

——毛泽东

1955年中国人民解放军首次授衔的将帅中，中将以上的共254人，其中有222人参加过长征。

（2）保存了党和红军的基干力量，使中国革命转危为安。

材料3：长征是历史纪录上的第一次，长征是宣言书，长征是宣传队，长征是播种机……长征是以我们胜利、敌人失败的结果而告结。

——毛泽东

（3）播下革命种子，铸就长征精神，打开中国革命的新局面。

设计意图：通过伟人的原话，体会长征胜利的意义，培养学生分析史料的能力。

4. 感悟长征精神的内涵

图片：草鞋、半截皮带、野菜。

资料：

草毯泥毡扎营盘，风雨侵衣骨更硬，野菜充饥志越坚。

——《过雪山草地》

① 百折不挠、排除万难的革命英雄主义精神。

图片：湘江战役、飞夺泸定桥。

② 不怕牺牲、勇往直前的大无畏精神。

资料：

顺口溜《翻越夹金山》：夹金山，高又高……病人走不起，帮他背东西，大家互助想办法，一定帮他过山去。

图片：《金色的鱼钩》。

③ 舍己为人、顾全大局、团结互助的协作精神。

图片：毛泽东等笑颜走出草地。

④ 理想坚定、积极乐观、充满信心的革命乐观主义精神。

生：根据图片、文字材料，以及了解过的长征故事，先体会，再回答。

师：最后补充。

设计意图：通过本课学习及观看视频、图片、文字材料，并结合自己所知道的故事深刻体会长征精神。

5. 情感升华——不忘初心开启新征程

图片：各地各种组织重走长征路的照片。

设问：为何要"重走长征路"？

结论：长征精神，过去是、现在是、今后仍将是我们中华民族宝贵的精神财富。

图片："一带一路"、女排夺冠、抢险救灾、科研、学习、生活……

师：长征精神的现实意义？如何继承发扬长征精神？

视频：红军长征胜利80周年的宣传——《在路上》。

脚下的路该怎么走？

害怕的时候，我们无所畏惧；犹豫的时候，我们坚定不移；

危急的时候，我们勇于担当；跌倒的时候，我们百折不挠；

逆境的时候，我们不忘初心。

有一种力量，滋养我们内心成长，

长征，在我们每个人的路上。

结束语：每个人都有自己的二万五千里，路，就在脚下……

设计意图：教师通过语言、图片、视频等方式，用情境的迁移，在历史与现实间建立起有效的连接。通过了解发生在当今社会主义建设时期的一个个感人事迹，可以看出长征精神是一种跨越时代的传承，促使学生珍惜并传承中华民族宝贵的精神财富，树立文化自信，这是历史学科核心素养"家国情怀"的要求，是学习和探究历史应具有的社会责任与人文追求，意在促进学生关注现实问题，以服务国家强盛、民族自强和人类社会的进步为使命。

6. 课堂小结

（1）思维导图。

（2）学生选择一个角度谈自己的感受。

7. 反馈练习

填图、选择题、材料题（分组竞赛）。

【板书设计】

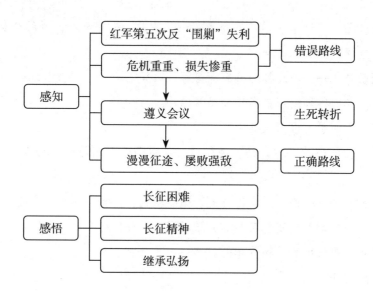

《西游记》读书交流会

【教学目标】

（1）了解《西游记》的主要故事内容，培养阅读兴趣。

（2）结合作品生动的故事情节来理解主要人物形象，感悟作品的语言魅力。

（3）通过阅读《西游记》，把握该类作品的阅读方法。

【教学重难点】

1. 重点

（1）了解《西游记》的主要故事内容，培养学生的阅读兴趣和形象思维能力。

（2）结合作品生动的故事情节来理解主要人物形象，借助情景剧提升学生的表达能力，进一步感悟作品的语言魅力。

2. 难点

阅读《西游记》，讨论并分析，培养学生的抽象思维能力，提炼并概括该类作品的阅读方法。

3. 教具

抢答器、音频、多媒体、原著《西游记》。

【教学方法】

直观演示法、启发式教学法、读书指导法、问答法、角色扮演法。

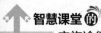

【教学过程】

（一）导语

上课之前，老师想请同学们来欣赏一个视频，里面的歌曲会唱的可以一起唱。

播放《西游记》主题曲：《通天大路宽又阔》。

这是我们非常熟悉的一部电视剧（　　　）中的主题曲。提到《西游记》，我想大家都非常熟悉，它是中国古典四大名著之一，也是中国最优秀的神话小说，深受人们喜爱。今天这节读书交流课，我们就一起走进《西游记》！

（预设：学生齐声说"西游记"）

（二）小试牛刀

设计意图： 这是考查、加深学生对《西游记》背景知识、人物形象、故事情节的把握，难度与中考名著题考点一致。本环节需借助抢答器教具。

师：老师在两周之前布置了阅读《西游记》原著的作业，根据老师课前调查，我们班2/3的同学读完了《西游记》，当然无论是读完的还是没读完的，相信同学们对《西游记》都有了一定的了解。现在，老师想出题考考大家，看谁的《西游记》知识最丰富，有没有信心？

好的，我们有五个小组，请每个组派一个代表，我们选五位参赛选手进行抢答，当抢答器念出"3、2、1"后才可以答题，否则按犯规处理，需要重新答题。每组有两次场外求助的机会，可向本组同学求助。每题5分，累计得分最高者就是抢答赛的冠军，为班级的"'西游'之星"。请听题。

第一题：《西游记》的作者是____代____，字____，号____。

答案：作者是明代吴承恩，字汝中，号射阳山人。

（难度：简单）

第二题：下列图片中（图略），哪一幅图片最接近《西游记》师徒四人的形象？

沙僧很高，原著上说有4米，猪八戒是一头黑猪，原著多次提及猪八戒长得黑。孙猴子又矮又瘦，唐僧倒是还俊俏。

（难度：适中）

第三题：下列图片（图略）中，哪一幅图片最接近《西游记》中孙悟空的形象？

孙悟空的形象根本就没有那么可爱，甚至有些猥琐。

第二十一回：那怪仔细观看，见行者身躯鄙猥，面容羸瘦，不满四尺。笑道："可怜！可怜！我只道是怎么样扳翻不倒的好汉，原来是这般一个骷髅的病鬼！"

第二回：学艺时。祖师道："你虽然像人，却比人少腮。"原来那猴子孤拐面，凹脸尖嘴。

（让学生从原著文本中寻找答案）

第四题：下列图片（图略）中，哪一幅图片最接近《西游记》中沙僧的形象？

（让学生从原著文本中寻找答案）

第八回：观音菩萨携木咤寻找取经人，在流沙河界初次遇到了沙僧：青不青，黑不黑，晦气色脸；长不长，短不短，赤脚筋躯。眼光闪烁，好似灶底双灯；口角丫叉，就如屠家火钵。獠牙撑剑刃，红发乱蓬松。一声叱咤如雷吼，两脚奔波似滚风。

第五题：《西游记》中的唐僧是如来佛的第二个徒弟谁投胎转世的？做了状元谁的儿子？因父亲遇难，自幼出家，法名是什么？

答案：金蝉子、陈光蕊、玄奘。

（难度：适中）

第六题：孙悟空的第一个师父是_____，他的兵器原是大禹治水的_____，又唤_____，大闹天宫后被如来佛祖压在_____，后皈依佛门，唐僧为他取名_____，为西天取经立下汗马功劳，后被封为_____。

答案：菩提祖师、定海神针、如意金箍棒、五行山下、孙行者、斗战胜佛。

（考查对人物的了解）

第七题：沙僧又叫沙悟净，原为天宫中的_____，被贬下界，在_____为妖，后保唐僧取经，得成正果，封为_____。

答案：卷帘大将、流沙河、金身罗汉。

（考查对人物的了解）

第八题：从东土出发到西天取回真经，共历时多少年？行程多少里？

答案：十四年、十万八千里。

（考查对细节的把握）

第九题：唐僧分别在哪些地方收了徒弟和马？

答案：五行山救悟空，鹰愁涧收白龙马，高老庄收悟能，流沙河收悟净。

（考查对整体的认知）

第十题：孙悟空开始因为受不了唐僧的絮叨想回花果山，途经东海龙宫，因为看到一幅画而改变了心意，这幅画的名字叫（　　）。

A.程门立雪　　　　　　　　B.孔融让梨

C.圯桥进履　　　　　　　　D.铁杵成针

答案：C。

（考查对细节的把握）

师补充：

孙悟空问，什么叫三进履？龙王给他解释："此仙乃是黄石公，此子乃是汉世张良。石公坐在圯桥上，忽然失履于桥下，遂唤张良取来。此子即忙取来，跪献于前。如此三度，张良略无一毫倨傲怠慢之心，石公遂爱他勤谨，夜授天书，着他扶汉。后果然运筹帷幄之中，决胜千里之外。"

第十一题：车迟国国王被哪三妖迷惑住了？

答案：虎力大仙、鹿力大仙、羊力大仙。

（考查对情节的把握）

第十二题：紧箍咒、禁箍咒、金箍咒分别戴在谁的身上？

答案：紧箍咒——孙悟空

　　　　禁箍咒——守山大神

　　　　金箍咒——红孩儿

（考查对情节的把握）

师放PPT，还原原文：

第四十二回　大圣殷勤拜南海　观音慈善缚红孩

……（观音菩萨）却又袖中取出一个金箍儿来道："这宝贝原是我佛如来赐我往东土寻取经人的金紧禁三个箍儿。紧箍儿，先与你戴了，禁箍儿，收了守山大神，这个金箍儿，未曾舍得与人，今观此怪无礼，与他罢。"好菩萨，将箍儿迎风一幌，叫声"变！"即变作五个箍儿，望童子身上抛了去，喝声"着！"一个套在他头顶上，两个套在他左右手上，两个套在他左右脚上。菩萨道："悟空，走开些，等我念念《金箍儿咒》。"行者慌了道："菩萨呀，请你来此降妖，如何却要咒我？"菩萨道："这篇咒，不是《紧箍儿咒》咒你的，是《金箍儿咒》咒那童子的。"行者却才放心，紧随左右，听得他念咒。菩萨捻着诀，默默地念了几遍，那妖精搓耳揉腮，攒蹄打滚。

第十三题：猪悟能和沙悟净在取经途中的职责分别是什么？

答案：猪悟能——挑担，沙悟净——牵马。

86版《西游记》电视剧中猪悟能牵马，沙僧挑担。但是原著中恰恰相反。原著（第一百回）中写道："猪悟能……因汝挑担有功……沙悟净……登山牵马有功……"。

（纠正影视剧的误区，让学生回归原著）

第十四题："四圣试禅心"用了什么方法？

A. 设"美人计"变为母女四人，招唐僧师徒为夫婿。

B. 变成四个老人，与唐僧会友谈诗，消遣情怀。

C. 变成盘丝洞中的女妖，摄走唐僧，试其胆量。

D. 设"苦肉计"，诱唐僧师徒上当，试其慈心。

答案：A。

（考查对情节的了解）

第十五题：如来授孙悟空为斗战胜佛，猪八戒为净坛使者，白龙马为八部天龙马，授唐僧为什么？

A. 旃檀功德佛   B. 檀旃功德佛

C. 金身罗汉   D. 罗汉金身

答案：A。

（考查对细节的了解）

师补充：旃檀原指一种香木，放了很久会有香味。旃檀功德佛指的是一种品德非常高尚的佛，其实还是表扬唐僧的品质。这也是对唐僧经历九九八十一难，始终不忘初心的一种肯定。

小结：经过刚刚的激烈角逐，这次微知识竞赛最终的结果已经产生了，冠军就是××所在的小组，请用热烈的掌声向他们表示祝贺，也感谢其他几位同

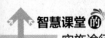

学的积极参与，继续努力。

（三）有声有色

师：好的，根据刚才的答题情况看，同学们知道的的确不少，不过光知道这些还不行，我们还得再深入地了解《西游记》。还记得我们上周做过的关于同学们最喜欢哪个情节的调查吗？我们当时最高票选出的情节是——没错，就是"三打白骨精"。我们班的同学也排练了《三打白骨精》的课本剧，你们想要欣赏一下吗？好的，下面请欣赏初一（8）班××等人为大家带来的改编版《三打白骨精》。

（《三打白骨精》课本剧表演）

师：表演得精不精彩？非常好，来，同学们请再一次把掌声送给他们。

师：你觉得哪位同学演得最好？请说出你的理由。

（提示：需要结合原著对照说明）

（四）细读文本

师问1：《三打白骨精》在原著中的章回名为什么？

预设：尸魔三戏唐三藏　圣僧恨逐美猴王

师问2：悟空是如何"三打"白骨精的？

预设：正在这时，悟空从南山摘桃回来，睁开火眼金睛一看，认出村姑是个妖精，举起金箍棒当头就打。悟空说："它是个妖精，是来骗你的。"说着，就朝妖精劈脸一棒。

悟空见又是那妖精变的，也不说话，当头就是一棒。

悟空把金箍棒藏在身边，走上前迎着妖精，笑道："你瞒得了别人，瞒不过我！我认得你这个妖精。"悟空抽出金箍棒，怕师父念咒语，没有立刻动手，暗中叫来众神，吩咐道："这妖精三番两次来蒙骗我师父，这一次定要打死它。你们在半空中作证。"悟空抡起金箍棒，一棒打死了妖精。

（提示：抓住动作、语言等描写）

师问3：白骨精是如何表现的？

预设：白骨精不胜欢喜，自言自语道："造化……说是特地来请他们用斋的。"

山坡上闪出一个……哭着走来

白骨精不甘心就这样让唐僧……

（提示：抓住动作、语言等描写）

师问4：唐僧又是如何进行"三拦"的？

预设：第一次——连忙扯住；

第二次——念紧箍咒……撺悟空走；

第三次——赶走悟空。

（提示：挖掘原著中唐僧真实人物形象）

展示原著：

"你在这荒郊野外，一连打死三人，还是无人检举，没有对头；倘若到城市之中，人烟凑集之处，你拿了那哭丧棒，一时不知好歹，乱打起人来，撞出大祸，教我怎的脱身？"

唐僧道："这个猴子胡说！就有这许多妖怪！你是个无心向善之辈，有意作恶之人，你去罢！"……那唐僧在马上，又唬得战战兢兢，口不能言……唐僧闻说，倒也信了……唐僧果然耳软，又信了他，随复念起……唐僧见他言言语语，越添恼怒，滚鞍下马来，叫沙僧包袱内取出纸笔，即于涧下取水，石上磨墨，写了一纸贬书，递于行者道："猴头！执此为照，再不要你做徒弟了！如再与你相见，我就堕了阿鼻地狱！"……唐僧转回身不睬，口里唧唧哝哝地道："我是个好和尚，不受你歹人的礼！"

师问5：阅读原著，悟空本事那么大，为什么还要"三打"？

预设：反复叙事手法。

拓展：《西游记》——三借芭蕉扇，

《三国演义》——三顾茅庐，

《水浒传》——三打祝家庄。

（五）分享读法

师：刚才我们拿出了一个片段进行阅读，这种阅读方式叫作（精读），那么面对这么厚的一本小说，又是文言文，除了精读外，同学们还有什么可以分享的阅读方法吗？

预设：观看前言、后记，了解写作背景、故事梗概、主要人物。

（1）观看目录，了解故事情节。

（2）采用浏览法、跳读法阅读全文，把握文章大意。

（3）略读和精读结合。

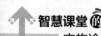

（4）其他渠道了解《西游记》的情节。

（5）做些读书笔记，可以写摘抄、做批注、列提纲、做思维导图、制卡片、写心得等，养成"不动笔墨不读书"的良好习惯。

【板书设计】

整本原著——通读：浏览，跳读，把握大意
经典片段——细读：理解，想象，反复品味

【课题总结】

由于时间关系，我们对于《西游记》的读法就说到这里，今天我们初步领略了经典名著的魅力，那就是精彩的故事、典型的人物、生动的语言。《西游记》还有更广泛、更深刻的内涵等待我们去发掘。一本好书是值得反复阅读的。再过一年、两年或更多年，我们再来读读这本书，再读读它的原著，相信同学们一定会有更多、更深的感受！

希望同学们从小与好书为伴，与经典同行。

语文阅读智慧课堂中学习活动设计

一、智慧课堂下语文阅读学习活动设计模型

1. 语文阅读学习活动设计模型

在充分考虑学习活动设计需求的基础上，通过将智慧课堂特征与语文阅读教学进行有效的结合，确保设计出来的学习活动模型具有较高的针对性和有效性，然后对语文阅读智慧课堂中的学习活动进行展开设计。顾名思义，学习活动设计是指教师根据学生的实际学习情况，充分利用学习任务，以学习任务为驱动，对特定的活动流程进行科学合理的设计，从而取得一系列的学习成果。为此，教师要在充分应用活动理论的基础上，通过对语文智慧课堂中的阅读学习活动进行有目的、有意识的设计，突出学习活动的重要设计信息和次要设计信息。同时，教师还要根据阅读教学的实际需求，对语文智慧课堂学习活动设计模型进行合理的设计，从而确保语文阅读教学的学习任务能够正常、有序、顺利地开展，其具体设计模型如图7-3-1所示。

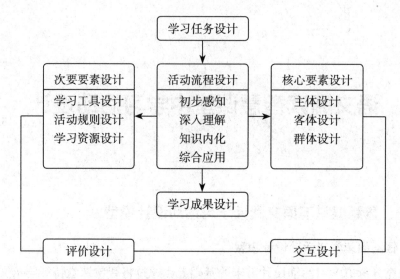

图7–3–1　语文智慧课堂学习活动设计模型

2. 语文阅读学习活动流程设计

通常情况下，学生学习活动的设计是智慧课堂开展的核心环节。在语文智慧课堂中，由于学习活动流程有效地反映了学生智慧生成的流程，因此，活动流程的设计实质上是学生智慧生成流程中学习活动的设计。此外，语文阅读智慧生成流程可以分为初步感知、深入理解、知识内化、综合应用四个阶段。

3. 语文阅读学习活动核心要素设计

在充分利用活动理论的基础上，针对语文智慧课堂的特征，教师需要将阅读学习活动核心要素设计分为以下三个环节：活动主体设计、活动客体设计和活动群体设计。其中，活动主体设计主要用于对活动执行者的确定，学生通常是学习活动的主体；活动客体设计主要用于对学习目标、学习任务和学习内容的设计；活动群体设计主要用于对相关联的学习目标和学习活动的设计。通常情况下，智慧课堂主要体现了高互助性、高合作性和高分享性三大学习优势。

4. 语文阅读学习活动次要要素设计

在对语文阅读学习活动进行设计的过程中，除了要重视核心要素的设计外，还要重视次要要素设计，次要要素设计主要包含三大部分，分别是学习工具设计、活动规则设计和学习资源设计。智慧课堂可以有效地完成对学习工具的使用原则、方法和目的的设计。除此之外，学习规则的设计主要包含以下五个环节，分别是课堂规则的设计、合作规则的设计、激励奖励规则的设计、测试规则的设计和问答规则的设计。而学习资源的设计主要包含学习资源的选择、学习资源的推送方式与推送原则。

二、语文阅读学习活动设计

针对语文智慧课堂的特征，充分利用阅读学习活动的设计模型，对语文阅读学习活动进行科学合理的设计，以下是语文阅读学习智慧在生成过程中所要经历的四个阶段。

1. 初步感知

顾名思义，初步感知就是指学生在教师的引导和帮助下对文本进行初步的阅读和感知，属于学生阅读学习的开端。为了有效提高学生深度阅读的能力，教师要重视对引入学习方式的选择和应用，同时还要为学生提供科学的引导和帮助，从而提高学生的自主学习能力和探究学习能力，图7-3-2为语文智慧课堂初步感知学习模式。从该模式中可以看出，首先，教师要根据阅读教学的实际需求，从学生的兴趣点出发，采用直接导入、情境导入等方式，有效地激发学生参与课堂学习活动的积极性、主动性和自发性。其次，当学生真正进入新知识的学习后，教师需要充分结合学生熟悉的、感兴趣的知识和内容，把新的学习内容转化为学生容易理解和学习的任务或问题，这样有利于学生根据教师设定的问题情境对文章内容进行粗略的浏览和阅读。再次，教师要根据学生的实际学习情况和需求，引导学生独立地分析问题和解决问题，从而培养学生的思维能力。最后，为了检验学生学习效果，教师可以采用课前小测验或布置家庭小作业的方式，让学生充分发挥自己的特长、优点和长处，如有的学生朗读能力强，有的学生复述文章能力强，等等。这样，有利于最大限度地激发学生的学习兴趣。除此之外，为了引导学生在阅读文章的过程中能够将生活中的实际现象与文本进行有效的联系，教师可以试着为学生提出以下问题，如文章主人公面对类似的问题是怎样解决的？如果你是主人公，会怎么解决？会采用主人公的解决方式吗？说一下原因。

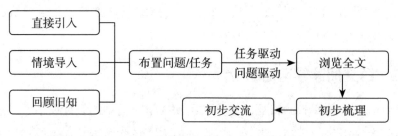

图7-3-2　语文智慧课堂初步感知学习模式

2. 深入理解

深入理解就是指通过教师与学生之间的互动，并在教师科学合理的引导下，让学生独立完成各种各样的学习任务，从而加深对文章的认识和理解。为了最大限度地提高文章的精读效果，有效实现阅读教学的任务和目标，笔者构建了如图7-3-3所示的语文智慧课堂阅读深入理解学习模式。从该模式中不难看出，首先，教师要鼓励学生积极表达自己的观点和想法，并尊重学生想法的差异性。其次，教师要为学生设置比较有挑战性的问题，让学生带着问题完成对文章的精读。学生在精读的过程中，可以针对自己的阅读情况厘清阅读思路，并带着自己的阅读问题与同学进行合作式的讨论，在与教师和同学的互动交流中找到问题的答案。再次，为了确保问题解答的完整性，教师还需要采用自主探究的模式，引导学生对问题做出进一步的讨论，从而帮助各个讨论小组形成思维框架。最后，在教师的科学指导下，学生可以展示自己的学习成果，从而培养分享精神。除此之外，为了培养学生对文章的理解力和鉴赏力，教师在引导学生精读文章的过程中可以提出以下问题，如：作者为什么要这样写？其动机是什么？这句话的某个词可以用其他的词代替吗？代替后表达效果有什么改变？找出文章类似的写作手法，并分析这些写作手法的共同之处。这样一来，有利于提高学生精读文章的效率。

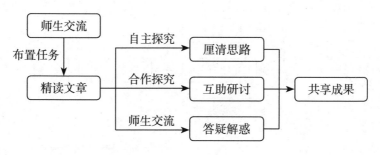

图7-3-3　语文智慧课堂阅读深入理解学习模式

3. 知识内化

知识内化主要经历以下三个环节：第一，教师通过布置难度比较高的问题和任务，引导学生对阅读的文章做出更深层次的思考；第二，教师采用头脑风暴的手段，让学生通过小组讨论的形式完成对阅读问题的分析和解决；第三，在教师科学合理的指导下，引导学生对阅读问题进行独立的思考，并形成较为完善的知识体系，从而帮助学生对知识的积累。基于以上情况，本文构建出如图7-3-4所示的语文智慧课堂阅读知识内化学习模式。从该模式中可以看出，学生充当主体角色，教师充当引导角色，教师要对学生的学习活动进行科学的引导和点拨，从而帮助学生培养自主学习的能力。除此之外，教师还要为学生设置开放性的问题和容易引起歧义的问题，从而帮助学生充分掌握教学内容的重难点知识，进而加深学生对阅读文本的深入认识和理解。与此同时，为了培养学生自主学习能力、探究学习能力和合作学习能力。首先，教师要引导学生大胆表达对解题思路的想法；其次，教师要通过利用头脑风暴的形式，引导学生分析和对比不同的观点，并总结观点的不同之处和相同之处；最后，教师还要引导学生通过交流与合作，碰撞出思想的火花，帮助学生进一步打开思路，让学生大胆发表自己的想法和观点，并听取他人的意见。这样，经过对问题的讨论和反思后，教师要引导学生重新回到问题的本身，让学生对所讨论的问题达成共识，并针对讨论的问题进行归纳和总结，以帮助学生对知识的积累。另外，在对知识进行内化的过程中，教师要重视对学习活动工具的应用，通过引导学生充分地应用论坛、微信、QQ、博客等互联网软件，可以对学习成果进行交流展示；学生还要重视对思维导图的应用，利用思维导图培养自身构建思维框架的能力。

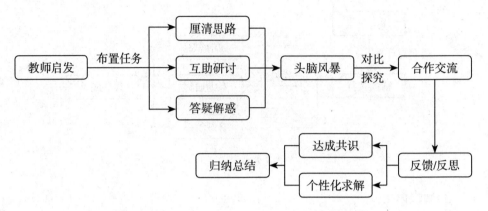

图7-3-4 语文智慧课堂阅读知识内化学习模式

复习阿基米德原理

【教学目标】

1. 知识与技能

（1）熟练探究浮力大小跟排开液体所受重力的关系的实验过程。

（2）通过实验，做到会操作、会记录、会分析、会论证。

（3）能应用公式 $F_浮=G_排=\rho_液 g V_排$，计算简单的浮力问题。

2. 过程与方法

（1）经历探究浮力的大小跟排开液体所受重力的关系的实验过程。

（2）通过辅助实验，加深对阿基米德原理的认识。

3. 情感态度与价值观

（1）学生感知物理复习课的趣味性。

（2）培养学生正确的科学态度，提高尊重实验事实的基本素养，激发学生在客观事实中发现并解决问题的热情。

【教学重难点】

（1）重点：探究浮力大小跟排开液体所受重力的关系的实验过程。

（2）难点：分析并解决实验中出现的各种问题。

【教学方法】

讲授法、实验法、讨论法、演示法。

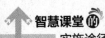

【**教学流程**】（见图7-4-1）

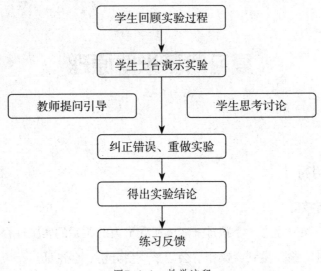

图7-4-1　教学流程

【**教学过程**】（见表7-4-1）

表7-4-1　教学过程概览

教学环节	教师活动	学生活动	设计意图
引入课题	教师在讲台上放置以下器材：弹簧测力计、溢水杯、小桶、带挂钩的物体 提出：回顾探究浮力大小跟排开液体所受重力的关系的实验过程 教师在幻灯片上显示需重点回顾和注意的问题： （1）本实验的目的是什么 （2）实验步骤 （3）实验步骤中应该注意哪些问题 （4）本实验应该记录哪些实验数据 （5）怎样处理实验数据，如何得出实验结论	学生观察实验器材，回顾实验过程 学生结合教师的问题，思考该实验的核心内容	教师带实验器材进教室，让学生感知复习课的趣味性 在幻灯片上显示本实验需注意的问题，学生带着目的和任务，边复习边思考，迅速回忆起该实验的内容

续　表

教学环节	教师活动	学生活动	设计意图
进行实验	教师请两名学生上台演示实验 教师利用教室电子信息平台，用Pad进行实验过程的直播，将实验的动态过程呈现在大屏幕上 实验结束后，教师将学生用Pad表格上记录的数据投屏到大屏幕上	其中一位学生做实验，另一位学生在自己的Pad上列出表格并记录、处理数据 台下其他学生观察	由于实验室不可能提供复习课的分组实验，请两位学生代表上台演示实验，锻炼学生的动手能力 教师用Pad进行实验过程的直播，将实验的动态过程呈现在大屏幕上。其他学生在台下可以清楚地观察到实验完整的操作过程。培养学生的观察能力，最大限度地让更多学生参与整个实验过程 通过台上台下互动，能及时发现和纠正实验中的不足
实验讨论	教师提问： （1）请问实验操作中有不规范的地方吗 （2）实际测量$F_浮$=1N，$G_排$=0.8N，两者不相等，为什么 （3）物体未浸入前怎样确保溢水杯已满？还有更好的办法吗？哪个方法更好？若溢水杯未满，对实验结果会有怎样的影响 （4）实验步骤1和步骤2的顺序可以互换吗 （5）本实验中物体是否一定要全部浸没 （6）能否只测一组数据？为什么	教师另请一组学生上讲台完成正确的实验操作 学生观察实验过程，分析实验数据，讨论回答 （1）弹簧测力计读数时，眼睛没有正对刻度板；实验结束时没有整理器材 （2）实验数据相差太大，可见并不是实验误差。物体未浸入前溢水杯未装满 （3）观察液面与溢水杯口是否相平或向溢水杯倒水直至有水溢出 第二种方法更好 若溢水杯未满，测出的$G_排$比实际偏小 （4）可以 （5）不需要全部浸没 （6）这是一个验证性实验，只测一组数据，实验结论有偶然性，不具普遍意义	学生初二时已经完整体验过本实验过程，在复习课中省去了猜想、设计实验的过程，重点放在实验步骤、实验注意事项、实验结论的得出 用Pad的录播功能回放实验操作中的不足，让学生从中寻找实验数据不准确的原因，加深体验。从错误的实验数据入手提出问题，培养学生正确的科学态度，提高尊重实验事实的基本素养 设问循序渐进，层层深入，激发学生的求知欲和探究欲 培养学生观察、思考、分析、解决问题的能力

教学环节	教师活动	学生活动	设计意图
总结实验结论	教师提问： 本实验的结论？阿基米德原理的内容？适用范围	学生思考并回答： 阿基米德原理：浸在液体中的物体受到向上的浮力，浮力的大小等于它排开液体所受的重力 公式：$F_浮=G_排=\rho_液gV_排$ 适用范围：液体和气体	培养学生归纳能力
练习	1.如图所示是"研究阿基米德原理"的实验图，弹簧测力计下挂一石块，通过对A、B、C、D、E图分析，回答下列问题（弹簧测力计每一小格表示1N）： A B C D E （1）A图中溢水杯中的水刚好与溢水口相平的目的是：_____。 （2）由B、C两图可得石块所受的浮力$F_浮=$_____N，由D、E两图可得石块排开的水受到的重力$G_排=$_____N，比较可得出结论：_____。 （3）一实验小组得出$F_浮 > G_排$，你认为可能原因是：_____。 2."探究浮力与物体排开水的关系"实验的装置及过程如图所示： 甲 乙 丙 丁 戊		教学目标达标检测，及时反馈与巩固知识点 每个学生在自己的Pad上作答，通过网络实时传送至教师的Pad上，教师及时掌握学生的作答情况，有针对性地讲评，提高课堂效率

续 表

教学环节	教师活动	学生活动	设计意图
练习	①上图实验装置中影响实验结论的是____（只填代号） ②在完善实验装置后，有如下实验步骤，你认为不重复操作的合理顺序应该是____（只填代号） A.将铁块挂在弹簧测力计的挂钩上，弹簧测力计的读数为F_1 B.将铁块浸没水中，弹簧测力计的读数为F_2 C.将装有排出水的小桶挂在弹簧测力计下，弹簧测力计的读数为F_3 D.将空桶挂在弹簧测力计下，弹簧测力计的读数为F_4 ③通过探究，若等式_____成立，则可得出阿基米德原理，还能测出铁块的密度$\rho_{铁}=$____（这两空能选用F_1、F_2、F_3、F_4、$\rho_{水}$表示） 3.如下图A所示，弹簧测力计下面挂一实心圆柱体，将圆柱体从盛有水的容器上方离水面某一高度处缓缓下降（其底面始终与水面平行），使其逐渐浸没入水中某一深度处。图B是整个过程中弹簧测力计的示数F与圆柱体下降高度h变化关系的数据图像（已知$\rho_{水}=1.0\times10^3kg/m^3$，$g=10N/kg$） 求： （1）圆柱体的重力 （2）圆柱体浸没时受到的浮力 （3）圆柱体的密度 （4）圆柱体在刚浸没时下表面受到的水的压强		挑选1～2名学生的解答投屏到大屏幕上，全体学生共同体验批改的过程，学会解题方法，并注意格式规范
小结	教师播放实验视频：用保鲜袋装满水，用弹簧测力计测量它在空气中的总重力，记录测力计示数。把装满水的保鲜袋浸没在水中，会看到弹簧测力计的示数变为0 要求学生观察视频后，分析论证		视频中的实验有技巧性，用辅助实验，加深学生的认识

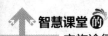
【板书设计】

阿基米德原理：浸在液体中的物体受到向上的浮力，浮力的大小等于它排开液体所受的重力。

公式：$F_{浮}=G_{排}=\rho_{液}gV_{排}$

适用范围：液体和气体

Chapter 2：Our Daily Life—Speaking and writing

【课例名称】

Chapter 2：Our Daily Life—Speaking and writing

【执教教师】

李奕。

【适用年级】

七年级。

【教材版本】

牛津深圳版7A。

【教学目标】

1. 语言技能

A. Learn to talk about daily life.

B. Learn write about daily life.

C. Learn to communicate about daily life.

2. 学习策略

（1）学会在小组活动中积极与他人合作，互通有无，一起完成学习任务。

（2）通过头脑风暴、竞赛等活动，培养瞬间记忆和准确回忆的能力。

（3）在课内外学习活动中能够主动探究，用英语与他人交流。

（4）情感文化。

（5）培养学生学好英语的信心，敢于用英语进行简单的表达。

（6）引导学生体会英语学习中的乐趣，乐于在生活中感悟英语。

（7）培养学生理解他人的生活状态，善于交际。

3. 学生分析

本班共有48人，两极分化比较严重，有20%左右的学生英语基础较好，学习英语的兴趣和积极性高，有近20%的学生英语基础较薄弱，兴趣不够浓厚。入学一个多月来，教师避免大量的枯燥的语法讲练，进行了大量的听、说、背的训练，重语音，促开口，分小组，用活动化、生活化的英语课堂大力调动学生学习英语的积极性，已初见成效，学生个体开始愿说、乐说、会说，小组合作在磨合中逐步融洽。

4. 内容分析

在Chapter 2中，学生已用一周多的时间学习了Reading部分——*Wendy's Daily Life*；Grammar部分：一般现在时和频率副词。此课中，教师要引导学生在不同的生活场景中，在由短语到短句再到短文的逐步递进的练习中，通过丰富多彩的任务型活动来巩固学过的短语、句型、时态。最后进行适当的提高扩展，让学生用积累的相关知识进行交流、采访和汇报，学以致用。

5. 课时安排

45分钟。

【教学方法】

1. 演示法

多媒体课件的展示便于学生对知识的直观理解，并从旧知中获得启迪，从而解决问题。例如，Task 1 里的电影观看同时复习短语和Task3 里的句型操练。

2. 评价法

将学生通过对知识的整理和内化而形成的学习成果，在全班学生面前展示，使学生获得成功的喜悦，从而激发学生的后续学习热情。例如，Task 4 里的作文展示和Task5 里的采访展示。

3. 任务型教学法

将所要复习和操练的知识分解成一个又一个任务，学生在教师的指导和小组的合作下完成任务，最后通过任务的完成而实现对所学知识的意义建构。

【教学手段】

录像、投影仪、幻灯片、电脑多媒体等。

【板书设计】

Chapter 2 Our Daily Life

Speaking and writing

daydream　　　get very angry

truth　　　　　lose one's temper

secretly　　　　stay up late

【PPT演示文稿】（见图7-5-1至图7-5-19）

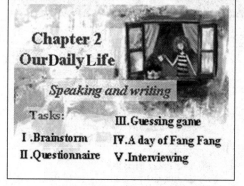

图7-5-1　　　　　　　　　　　　　　　　图7-5-2

Qvod Player

图7-5-3

Task 1: Brainstorm
[无标题]   Answers

1. read a book   8. sweep the floor
2. do some reading   9. play chess
3. do one's homework   10. keep fit
4. water the plants   11. do some exercises
5. make breakfast   12. go jogging
6. make a cup of soybean 13. go running
7. do some cleaning   14. have a walk

图7-5-4

Task 2: Questionnaire--P25
[无标题]   How often do you :

1. get up early in the morning?
2. enjoy school?
3. daydream?
4. help other people?
5. do sports?
6. get very angry/lose one's temper?
7. watch TV?
8. wish to become Superman?
9. tell the truth?
10. stay up late at night?

图7-5-5

Task 2:Questionnaire--P25

How often do you...?

Answer all the questions hone [无标题]
write down your own answers only with :

always, often, sometimes, seldom, never

图7-5-6

Task 3:Guessing game

Steps:
1. Take another group member's book secretly.
2. Say 4 sentences without saying the owner's name.

My friend has these habits:
1. My friend *never gets up early in the morning*.
2. My friend *sometimes* loses her/his temper.
3. ...
4. ...
Can you guess my friend's name?

3. Ask someone (from other group) to guess his/her name.

图7-5-7

Task 4:A day of Fang Fang

6.00 am   6.15 am--6.30 am   6.30 am--7.00 am

[无标题]

7.10 am   Come here and show your articles.   7.45 am

4.00 pm--4.30 pm   4.45 pm   9.00 pm

图7-5-8

Task 5:Interviewing—Step 1

A day in the life of ...

图7-5-9

Task 5:Interviewing—Step 1

[无标题]*A day in the life of ...*

图7-5-10

Task 5:Interviewing—Step 1

A day in the life of ...

There is an article about my daily life , but some words a [无标题]
If you want to know the answers ,please interview me like a reporter. The questions in your paper may help you.

图7-5-11

227

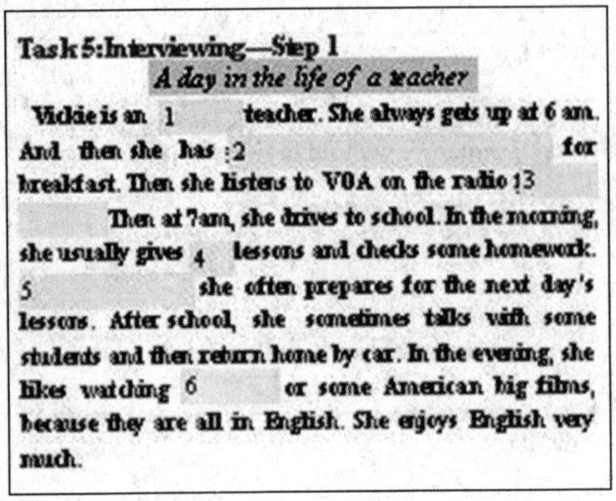

Task 5:Interviewing—Step 1
A day in the life of a teacher

Vickie is an 1 teacher. She always gets up at 6 am. And then she has :2 for breakfast. Then she listens to VOA on the radio 3

Then at 7am, she drives to school. In the morning, she usually gives 4 lessons and checks some homework. 5 she often prepares for the next day's lessons. After school, she sometimes talks with some students and then return home by car. In the evening, she likes watching 6 or some American big films, because they are all in English. She enjoys English very much.

图7-5-12

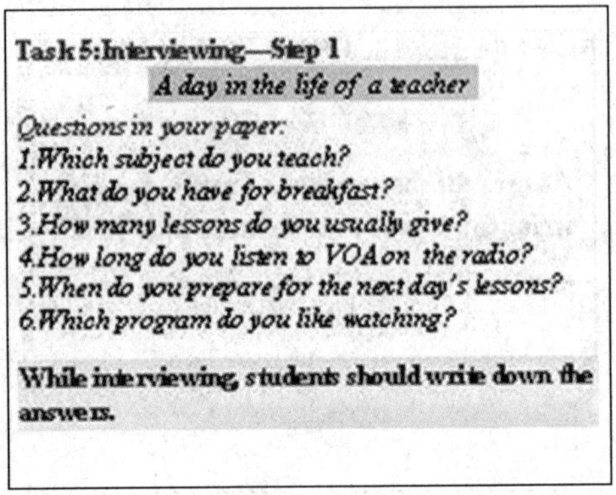

Task 5:Interviewing—Step 1
A day in the life of a teacher

Questions in your paper:
1.Which subject do you teach?
2.What do you have for breakfast?
3.How many lessons do you usually give?
4.How long do you listen to VOA on the radio?
5.When do you prepare for the next day's lessons?
6.Which program do you like watching?

While interviewing, students should write down the answers.

图7-5-13

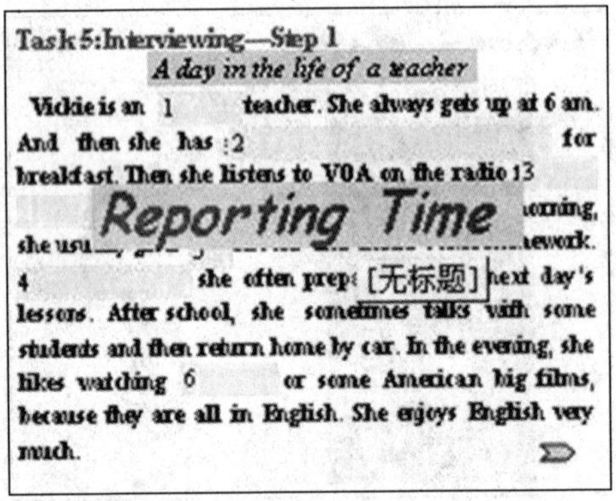

Task 5:Interviewing—Step 1
A day in the life of a teacher

Vickie is an 1 teacher. She always gets up at 6 am. And then she has :2 for breakfast. Then she listens to VOA on the radio 3

Reporting Time

she usu... morning, ...ework. 4 she often prep... [无标题] next day's lessons. After school, she sometimes talks with some students and then return home by car. In the evening, she likes watching 6 or some American big films, because they are all in English. She enjoys English very much.

图7-5-14

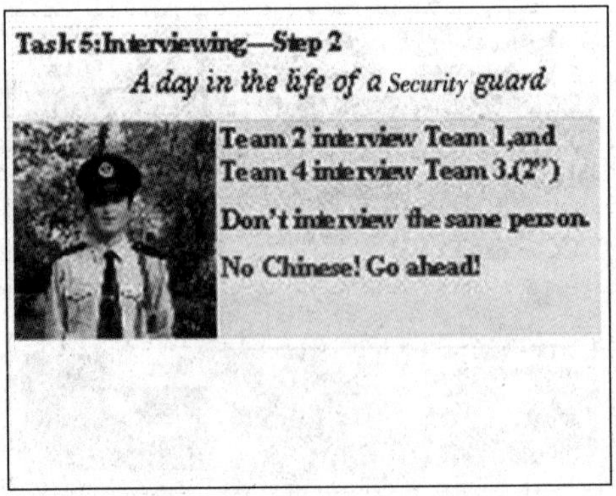

Task 5:Interviewing—Step 2
A day in the life of a Security guard

Team 2 interview Team 1,and Team 4 interview Team 3.(2")

Don't interview the same person.

No Chinese! Go ahead!

图7-5-15

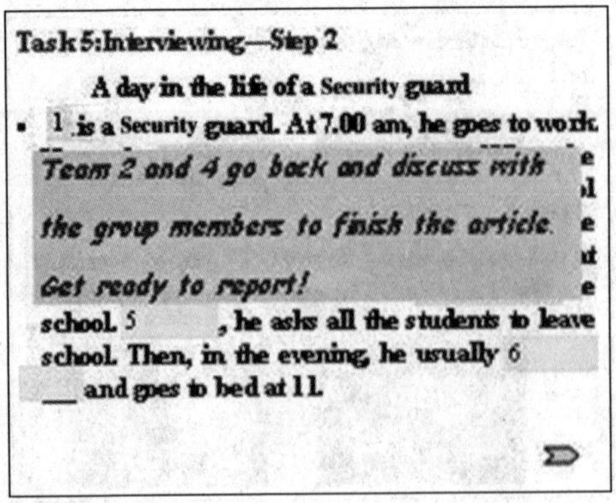

Task 5:Interviewing—Step 2
A day in the life of a Security guard

• 1 is a Security guard. At 7.00 am, he goes to work.
Team 2 and 4 go back and discuss with the group members to finish the article.
Get ready to report!
school. 5 , he asks all the students to leave school. Then, in the evening, he usually 6 and goes to bed at 11.

图7-5-16

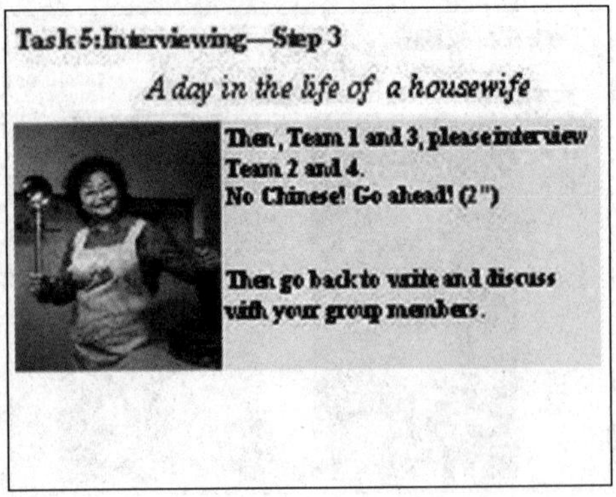

Task 5:Interviewing—Step 3
A day in the life of a housewife

Then, Team 1 and 3, please interview Team 2 and 4.
No Chinese! Go ahead! (2")

Then go back to write and discuss with your group members.

图7-5-17

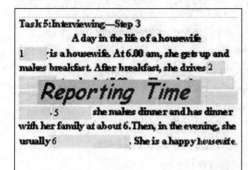

图7-5-18

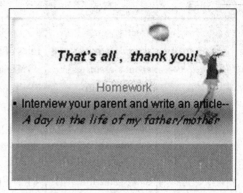

图7-5-19

【课后作业】

To interview your parent and write an article about his/her daily life.

【教学过程】（见表7-5-1）

表7-5-1 教学过程概览

步骤	目的	过程	手段
Task1 Brainstorm	Revise some phrases about our daily activities learned in Reading section. Meanwhile, improve students' short memory	1）Watch a film and try to think of some phrases about the boy's activities. Remember as many as possible! 2）After watching, talk about the phrases of his activities 3）Read these phrases	multi-media
Task 2 Questionnaire	Revise some adverbs of frequency learned in Grammar Section. And learn some more words and phrases about daily life	1）Open the books and turn to page 25 2）Introduce some new words and phrases in the questions, then read them 3）Show them these adverbs of frequency and ask them to answer each question with one of the adverbs according to their own situation 4）Write their answers in the book quickly	textbook, multi-media

续 表

步骤	目的	过程	手段
Task 3 Guessing game	Practise some short sentences about classmates' daily life with these adverbs of frequency. Students can understand each other better and at the same time, they can improve English speaking and listening skills	1）Look at the slide and tell students the rules of the game 2）Change their books in group secretly 3）Ask some students to say these sentences and they can ask anybody in other groups to guess the names. The speakers must respond to their guess with suitable and simple English 4）The teacher evaluates their statements	textbook, multi-media
Task 4 A day in the life of Fang Fang	After accumulating so many phrases and sentences, learn how to write a short article about daily life according to the axis of time	1）Show 8 pictures of Fang Fang. Ask students to pay attention to her activities at different time 2）Ask them to describe these pictures orally in English with group members 3）Write down a short article —A Day in the life of Fang Fang by themselves. Five to eight sentences are enough 4）Ask some students show us their articles 5）Evaluate their articles and correct some mistakes with whole class	multi-media, handout （paper 1）
Task 5 interviewing	Learn how to explore other people's lifestyle, how to ask and answer while interviewing and how to make a report. Let them know the final aim of English learning is to communicate	1）Interviewing the teacher * Show the class a photo with a lady's back. And let them guess who she is. At last show the face of the character. She is just the teacher! * Show them an article about the teacher's life. Some words are missing * Ask one student to interview the teacher with some questions given in public and others try to write down the answers * Complete the article together	multi-media, handout （paper 1 and paper 2）

续 表

步骤	目的	过程	手段
Task 5 interviewing	Learn how to explore other people's lifestyle, how to ask and answer while interviewing and how to make a report. Let them know the final aim of English learning is to communicate	2）Interviewing a safe guard *Show another photo of a safe guard. Give Team 1 and 3 the compete article about his daily life. But Team 2 and 4 get the incomplete article with some questions accordingly *Let them read their papers for a while, then Team 2 and 4 try to interview anyone in Group 1 and 3 to get the missing information at the same time *Ask one reporter to interview a safeguard in public and then make a report *Let others check their answers while listening to the report 3）Change the roles. Interviewing a housewife *Show another photo of a housewife. Team 2 and 4 get the compete article. But Team 1 and 3 get the incomplete article and some questions *Read their papers for 1 minute, then Team 1 and 3 interview anyone in Group 2 and 4 at the same time *Ask one reporter to interview a housewife in public and then make a report *Let others check their answers while listening to the report *Read the article together	multi-media, handout （paper 1 and paper 2）
Homework	Consolidate the knowledge and extent to the outside of school	Interview your parent and write an article —A day in the life of my mother /father	

P. S. Students' sheet.

Paper 1

Group Number_____   Student's Name_____

A day of Fang Fang

Fang Fang is my best friend. She lives a healthy life. She gets up at six o'clock every morning...

Paper 2

Task 5: Interviewing   Team 1 and 3

Step1：A day in the life of a teacher.

1. Which subject do you teach?

2. What do you have for breakfast?

3. How many lessons do you usually give?

4. How long do you listen to VOA on the radio?

5. When do you prepare for the next day's lessons?

6. Which program do you like watching?

Step 2: A day in the life of a safe guard.

Tom is a safe guard. At 7.00 am, he goes to work. He works in Shangbu Middle School. When the students go to school, he must check their school uniforms from 7.00 am to 8.00 am. Then, he always checks the visitors at the school gate at day time. After school, he always goes around the school. At 6 pm, he asks all the students to leave school. Then, in the evening, he usually watches TV and goes to bed at 11.

Step 3: A day in the life of a housewife.

1 is a housewife. At 6.00 am, she gets up and makes breakfast. After breakfast, she drives 2 to school at 7.00 am. Then she 3 . In the afternoon, she often 4. 5, she makes dinner and has dinner with her family at about 6.Then, in the evening, she usually 6. She is a happy housewife.

1.What is your name?

2.Who do you drive to school ?

3. What do you do after driving her to school?

4. What do you often do in the afternoon?

5.When do you make dinner?

6.What do you usually do in the evening?

Paper 3

Task 5: Interviewing   Team 2 and 4

Step1：A day in the life of a teacher.

1. Which subject do you teach?

2. What do you have for breakfast?

3. How many lessons do you usually give?

4. How long do you listen to VOA on the radio?

5. When do you prepare for the next day's lessons?

6.Which program do you like watching?

Step 2: A day in the life of a safe guard.

1 is a safe guard. At 7.00 am, he goes to work. He works 2 . When the students go to school, he must check their school

3 from 7.00 am to 8.00 am. Then, he always checks the visitors at the school gate at day time. After school, he always 4 the school. 5, he asks all the students to leave school. Then, in the evening, he usually 6 and goes to bed at 11.00pm.

1. What is your name?

2. Where do you work?

3.What do you must check from 7.00 am to 8.00 am?

4.What do you always do after school?

5.When do you ask all the students to leave?

6.What do you usually do in the evening?

Step 3: A day in the life of a housewife.

Mary is a housewife. At 6.00 am, she gets up and makes breakfast. After breakfast, she drives her daughter to school at 7.00 am. Then she does some housework. In the afternoon, she often meets some friends. At 5.00 pm, she makes dinner and has dinner with her family at about 6.00pm.Then, in the evening, she usually does some reading. She is a happy housewife.

附 录

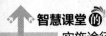

附录一：
教师对智慧课堂的认知调查

为了解教师对智慧课堂的认知，对29位不同学科、不同年级的教师进行了采样调查。重点从"智慧课堂的特征""智慧课堂的目标""智慧课堂的设计""智慧课堂的实施条件""智慧课堂对学生的影响"五个维度进行了调查。

教师问卷调查

第1题：你的学历。（单选题）（见附表1-1、附图1-1）

附表1-1　学历统计调查

选项	小计	比例
本科	17	58.62%
硕士	8	27.59%
研究生	4	13.79%
本题有效填写人次	29	—

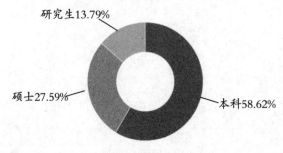

附图1-1　学历统计调查

第2题：你的教龄。（单选题）（见附表1-2、附图1-2）

附表1-2　教龄统计调查

选项	小计	比例
1～5年	11	37.93%
6～10年	5	17.24%
11～20年	9	31.04%
20年以上	4	13.79%
本题有效填写人次	29	

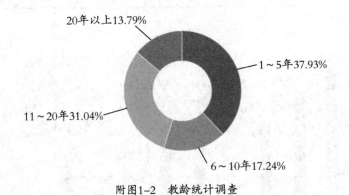

附图1-2　教龄统计调查

第3题：你所教科目。（单选题）（见附表1-3、附图1-3）

附表1-3　所教科目统计调查

选项	小计	比例
语文	5	17.24%
数学	6	20.69%
英语	5	17.24%
物理	3	10.35%
化学	0	0%
生物	3	10.34%
地理	3	10.34%

续 表

选项	小计	比例
道德与法治	1	3.45%
信息技术	1	3.45%
历史	2	6.90%
体育	0	0%
美术	0	0%
音乐	0	0%
本题有效填写人次	29	—

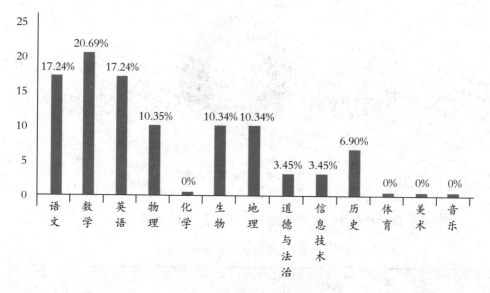

附图1-3　所教科目统计调查

第4题：你所教年级。（单选题）（见附表1-4、附图1-4）

附表1-4　所教年级统计调查

选项	小计	比例
七年级	10	34.48%
八年级	11	37.93%

续 表

选项	小计	比例
九年级	8	27.59%
本题有效填写人次	29	—

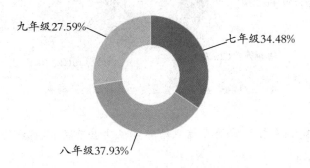

附图1-4 所教年级统计调查

第5题：你认为智慧课堂最重要的特征是什么？（最多选5个）（多选题）（见附表1-5、附图1-5）

附表1-5 智慧课堂最重要的特征统计调查

选项	小计	比例
情境感知	18	62.07%
智能交互	18	62.07%
个性化服务	10	34.48%
合作探究	18	62.07%
创新开放	18	62.07%
高效教学	18	62.07%
教学机智	11	37.93%
动态生成	14	48.28%
本题有效填写人次	29	—

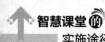

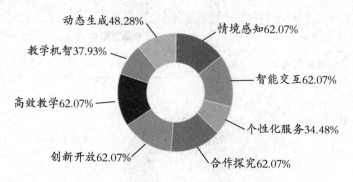

附图1-5　智慧课堂最重要的特征统计调查

第6题：你认为智慧课堂应重点培养学生哪些能力？（多选题）（见附表1-6、附图1-6）

附表1-6　智慧课堂应重点培养学生能力统计调查

选项	小计	比例
学习能力	21	72.41%
沟通能力	9	31.03%
思维能力	29	100%
观察能力	6	20.69%
表达能力	10	34.48%
合作能力	17	58.62%
创新能力	18	62.07%
社交能力	2	6.90%
写作能力	1	3.45%
探究能力	21	72.41%
本题有效填写人次	29	—

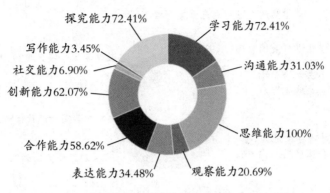

附图1-6 智慧课堂应重点培养学生能力统计调查

第7题：你认为智慧课堂的教学设计应重点考虑什么？（多选题）（见附表1-7、附图1-7）

附表1-7 智慧课堂的教学设计应重点考虑统计调查

选项	小计	比例
情境创设，激发学生学习兴趣	23	79.31%
落实知识目标	15	51.72%
解题能力的训练	6	20.69%
让学生高度参与，学会合作探究	24	82.76%
培养学生能力，学会深度思维	27	93.10%
让学生放松心情，自由自在地学习	7	24.14%
对学生进行美德熏陶	4	13.79%
让学生的个性得到充分发挥	12	41.38%
本题有效填写人次	29	—

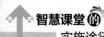

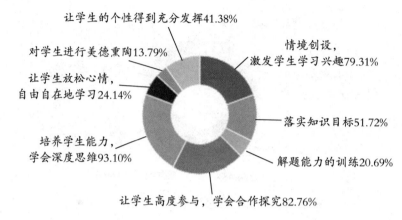

让学生的个性得到充分发挥41.38%

对学生进行美德熏陶13.79%

让学生放松心情,
自由自在地学习24.14%

培养学生能力,
学会深度思维93.10%

情境创设,
激发学生学习兴趣79.31%

落实知识目标51.72%

解题能力的训练20.69%

让学生高度参与,学会合作探究82.76%

附图1-7　智慧课堂的教学设计应重点考虑统计调查

第8题：你认为实施智慧课堂最重要的条件是什么？（单选题）（见附表1-8、附图1-8）

附表1-8　实施智慧课堂最重要的条件统计调查

选项	小计	比例
信息技术设备	6	20.69%
教师的机智语言	2	6.90%
开放创新的教学设计	18	62.07%
学生的能力水平	3	10.34%
本题有效填写人次	29	—

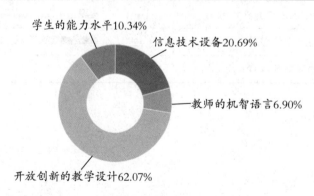

学生的能力水平10.34%

信息技术设备20.69%

教师的机智语言6.90%

开放创新的教学设计62.07%

附图1-8　实施智慧课堂最重要的条件统计调查

第9题：你认为智慧课堂对学生的影响有什么？（多选题）（见附表1-9、附图1-9）

附表1-9　智慧课堂对学生的影响统计调查

选项	小计	比例
激发学生的学习兴趣	27	93.10%
提高学生的学习效率	25	86.21%
促进学生形成良好的品格	12	41.38%
促进学生心理健康	6	20.69%
促进学生建立良好的人际关系	11	37.93%
促进学生能力的提升	25	86.21%
尊重了学生的人格	5	17.24%
促使学生形成良好的个性	12	41.38%
本题有效填写人次	29	—

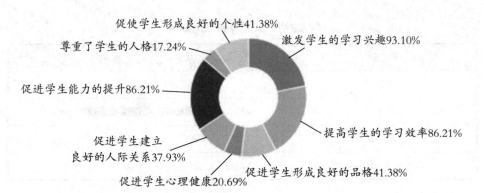

附图1-9　智慧课堂对学生的影响统计调查

附录二：
智慧课堂学生问卷调查

为了解智慧课堂对学生的影响，对90位八年级的学生进行了采样调查。重点对"学生对智慧课堂的接受程度""智慧课堂对学生的影响"和"学生使用信息技术情况"三个方面进行了调查。

学生问卷调查

第1题：你目前就读的年级。（单选题）（见附表2-1、附图2-1）

附表2-1　就读年级统计调查

选项	小计	比例
七年级	0	0%
八年级	89	98.89%
九年级	1	1.11%
本题有效填写人次	90	—

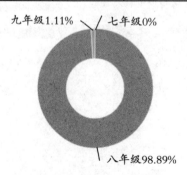

附图2-1　就读年级统计调查

第2题：你是否喜欢智慧课堂？（单选题）（见附表2-2、附图2-2）

附表2-2　是否喜欢智慧课堂统计调查

选项	小计	比例
喜欢	63	70.00%
一般	25	27.78%
不喜欢	2	2.22%
本题有效填写人次	90	—

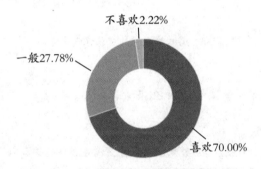

附图2-2　是否喜欢智慧课堂统计调查

第3题：你喜欢什么样的智慧课堂？（多选题）（见附表2-3、附图2-3）

附表2-3　喜欢什么样的智慧课堂统计调查

选项	小计	比例
有运用现代信息技术	68	75.56%
有轻松活跃的学习氛围	76	84.44%
有感兴趣的问题探究	64	71.11%
有值得探究的问题	48	53.33%
有轻松自由的合作交流	62	68.89%
有详细严谨的教学讲解	55	61.11%
本题有效填写人次	90	—

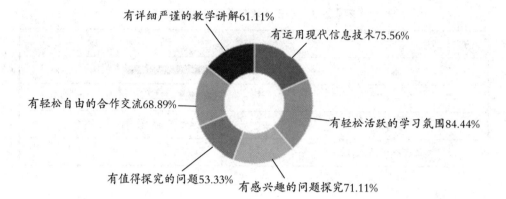

附图2-3　喜欢什么样的智慧课堂统计调查

第4题：你认为智慧课堂上什么很重要？（多选题）（见表附2-4、附图2-4）

附表2-4　智慧课堂上什么很重要统计调查

选项	小计	比例
信息技术	59	65.56%
独立思考	66	73.33%
问题探究	64	71.11%
合作交流	64	71.11%
表达意见	53	58.89%
深度思维	56	62.22%
本题有效填写人次	90	—

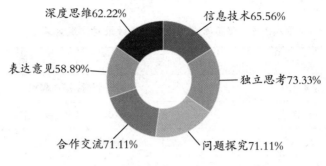

附图2-4 智慧课堂上什么很重要统计调查

第5题：你是否喜欢运用信息技术的智慧课堂？（单选题）（见附表2-5、附图2-5）

附表2-5 是否喜欢运用信息技术的智慧课堂统计调查

选项	小计	比例	
喜欢	73		81.11%
一般	15		16.67%
不喜欢	2		2.22%
本题有效填写人次	90	—	

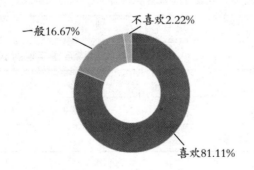

附图2-5 是否喜欢运用信息技术的智慧课堂统计调查

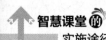
第6题：你认为智慧课堂与传统课堂相比，哪个教学效果好？（单选题）（见附表2-6、附图2-6）

附表2-6　智慧课堂与传统课堂效果对比统计调查

选项	小计	比例
智慧课堂	63	70.00%
传统课堂	4	4.44%
都一样	23	25.56%
本题有效填写人次	90	—

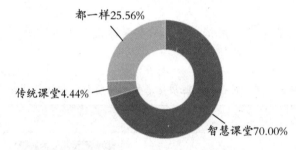

附图2-6　智慧课堂与传统课堂效果对比统计调查

第7题：你认为智慧课堂能否提升你对知识的理解？（单选题）（见附表2-7、附图2-7）

附表2-7　智慧课堂能否提升你对知识的理解统计调查

选项	小计	比例
能	73	81.11%
不能	2	2.22%
不知道	15	16.67%
本题有效填写人次	90	—

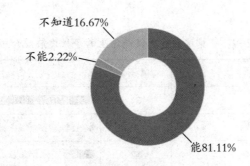

附图2-7　智慧课堂能否提升你对知识的理解统计调查

第8题：在课堂上，你喜欢什么样的学习过程？（多选题）（见附表2-8、附图2-8）

附表2-8　课堂上喜欢的学习过程统计调查

选项	小计	比例
老师讲学生听	52	57.78%
针对某一问题展开讨论	68	75.56%
学生独立完成任务	37	41.11%
同学之间合作交流	66	73.33%
本题有效填写人次	90	—

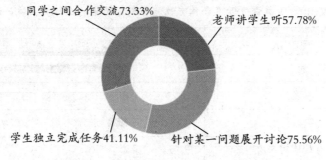

附图2-8　课堂上喜欢的学习过程统计调查

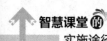

第9题：你认为智慧课堂能否促进学生的个性发展？（单选题）（见附表2-9、附图2-9）

附表2-9　智慧课堂能否促进学生的个性发展统计调查

选项	小计	比例
能	74	82.22%
不能	4	4.45%
不知道	12	13.33%
本题有效填写人次	90	—

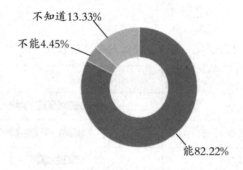

附图2-9　智慧课堂能否促进学生的个性发展统计调查

第10题：你认为智慧课堂开展合作交流能否优化学生的人际关系（师生、生生）？（单选题）（见附表2-10、附图2-10）

附表2-10　智慧课堂开展合作交流能否优化学生的人际关系统计调查

选项	小计	比例
能	73	81.11%
不能	3	3.33%
不知道	14	15.56%
本题有效填写人次	90	—

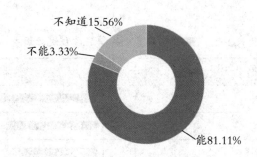

附图2-10 智慧课堂开展合作交流能否优化学生的人际关系统计调查

第11题：你认为智慧课堂开展合作探究是否有必要？（单选题）（见附表2-11、附图2-11）

附表2-11 智慧课堂开展合作探究是否有必要统计调查

选项	小计	比例
有必要	65	72.22%
一般	21	23.33%
没必要	4	4.45%
本题有效填写人次	90	—

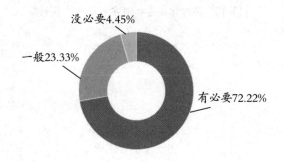

附图2-11 智慧课堂开展合作探究是否有必要统计调查

第12题：课外你最喜欢的学习过程是什么？（多选题）（见附表2-12、附图2-12）

附表2-12　课外你最喜欢的学习过程统计调查

选项	小计	比例
独立思考	66	73.33%
上网查询	64	71.11%
主动找老师咨询	51	56.67%
参加补习班	32	35.56%
与同学一起交流	72	80.00%
本题有效填写人次	90	——

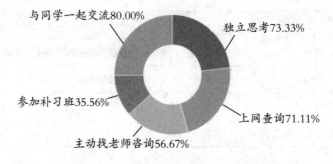

附图2-12　课外你最喜欢的学习过程统计调查